ALEXANDER FLOHR

Alexander Flohr, bekannt aus seinem beliebten Youtube-Kanal „Hier kocht Alex", ist Veganer, Youtuber und Kochbuchautor. Als Straßenbaumeister entspricht er nicht gerade dem Stereotyp eines Veganers – und dennoch lebt und liebt er seine Ernährungsweise seit nunmehr über zehn Jahren. Wichtig ist ihm bei der Kreation seiner Rezeptideen vor allem eines: Seine Gerichte sollen schnell zubereitet und gesund sein.

Durch seine Umstellung auf die vegane Ernährung 2012, die aufgrund von Übergewicht, Asthma und Gelenkschmerzen notwendig geworden war, entdeckte er im veganen Kochen eine neue Passion. Ging er anfangs noch unzufrieden und nur mit einem Salat zur Arbeit, weil der Kühlschrank einfach nicht mehr hergab, kreierte er schon bald aus allem, was ihm zur Verfügung stand, leckere Gerichte. Überschüssige Pfunde und körperliche Beschwerden wurden dank der neuen, gesünderen Lebensweise immer weniger, bis sie ganz verschwanden.

Seine neue Leidenschaft brachte ihn 2015 zu Youtube, wo er anfangs im Rahmen des Kanals von PETA und seit 2020 auch auf seinem eigenen Kanal „Hier kocht Alex" aktiv ist. Seine Fans begeistert er dort mit immer neuen köstlichen Rezeptideen.

HUBERTUS SCHÜLER

Der passionierte Still-Life-Fotograf Hubertus Schüler hat sein Handwerk in den perfektionistischen wie wilden Gefilden der Werbung gelernt. Nach einer Assistenzzeit in Düsseldorf arbeitet er seit 1990 als selbstständiger Fotograf in Bochum. Und das macht er mit Leib, Seele und all seinen Talenten. Sein Fotostudio ist Atelier, Requisite, Partyloft, Profiküche und Experimentieranstalt. Er sagt, er sei Fotograf geworden, weil er nicht malen könne. Welch ein Glück für die Fotografie! Nun malt er statt mit Pinseln mit Präzision und Licht. Außerdem hat er ein großes Faible für Styling und wenn er ausnahmsweise nichts vor der Linse hat, scannt er Flohmärkte nach alten Schätzen, die ein interessantes Leben geführt und was zu erzählen haben, oder malt und schrubbt und tuscht Untergründe. Seine Fotografien wurden vielfach ausgezeichnet.

ALEXANDER FLOHR

VEGAN BODY RESET

Raus aus Übergewicht, Schmerzen und Entzündungen

Food-Fotografie Hubertus Schüler

Konjaknudel-Gurken-Salat mit Wakame-Algen und Knuspertofu

Gorillaburger mit gebratener Banane und marinierten Zwiebeln

Apfel-Walnuss-Pizza mit Oliven auf Sellerieboden

Butternut-Rucola-Salat mit Feigen

Frischer Gemüse-One-Pot

Romanesco-Curry mit Pak Choi in Erdnuss-Bananen-Sauce

Tex-Mex-Salat auf Kichererbsenfladen

Wirsingrouladen mit Tomatensalat

Schoko-Porridge mit Apfel, Himbeeren und gerösteten Walnüssen

Inhalt

Ein Tipp vorab Abnehmen, die Ernährung umstellen oder generell gesünder leben: Das fällt zu zweit oder in einer Gruppe gleich doppelt so leicht und macht einfach viel mehr Spaß. Frage deshalb in deinem Freundes-, Familien- oder Bekanntenkreis, ob du Mitstreiter findest.

Zusätzlich lade ich dich herzlich in die von mir betreute Facebook-Gruppe „Vegan Body Reset mit Alex Flohr" ein. Hier poste ich Rezepte, beantworte deine Fragen zum Buch oder zum Ernährungskonzept und gehe regelmäßig live. Natürlich kannst du dich hier auch jederzeit mit den anderen Teilnehmern austauschen und deine Erfahrungen teilen und alle können sich gegenseitig motivieren. Ich freue mich auf dich! *Alex Flohr*

Vom steinigen Weg zum veganen Koch

» Oberster Marschbefehl beim Kochen ist also immer noch: kein Gedöns, kein Chichi. «

Wäre dieses Buch ein Rezept, könnte es „Abnehmen nach Handwerkerart“ heißen, denn das bin ich, ein Handwerker. Und um ganz genau zu sein: ein Straßenbaumeister. Vor mehr als 20 Jahren, im März 2002, pflasterte ich die erste Terrasse mit eigenem Werkzeug, eigenen Gerätschaften und eigener Baufirma. 13 Jahre später stand ich vor einer Fernsehkamera des RBB, röstete Blumenkohl und bereitete Champignon-Tofu-Spieße zu. Ich wurde Vegankoch, machte eine Ausbildung zum Ernährungsberater und einige Jahre später verkaufte ich meine Baufirma. Mit diesem Buch erscheint bereits mein sechstes Kochbuch auf dem Markt.

Mittlerweile lebe ich seit zwölf Jahren vegan, und so, wie ich mich weiterentwickelt und verändert habe, so hat sich auch meine Kocherei entwickelt und verändert. Früher habe ich Essen gemacht, habe Fleischgerichte und bekannte Geschmäcker imitiert, heute kann ich kochen, kann Zutaten und Zubereitungen so kombinieren, dass völlig neue Gerichte und Geschmäcker entstehen. Damit hat sich eine frische, neue, grüne Küche entwickelt, die eigene Konsistenzen, eigene Aromen und eine eigene Geschmackswelt entfaltet hat und die Grundlage gesunden Abnehmens und vor allem auch Gesundbleibens ist. Allzu aufwendig darf das Ganze dabei immer noch nicht sein, denn einem Grundsatz bin ich immer treu geblieben: Das Kochen muss in den Alltag und das Portemonnaie ganz normaler berufstätiger Leute passen. Ich bin verheiratet und Vater von drei (damals schulpflichtigen) Kindern. Ich weiß, wovon ich rede. Oberster Marschbefehl beim Kochen ist also immer noch: kein Gedöns, kein Chichi.

Fast tot mit Fast Food

Meine Ernährung zu verändern, hat auch meine Arbeit und mein Umfeld verändert. Vor allem aber hat es mir vermutlich das Leben gerettet. Ich kann mich gut an die Zeit erinnern, in der ich 135 Kilogramm auf die Waage brachte, und das bei einer Körpergröße von gerade mal 1,74 Metern. Ich war übergewichtig, hatte immer irgendwelche Schmerzen, war schon ein paar Mal unter ihnen zusammengebrochen und stand kurz vor der Frührente – wenn die Ärzte damals mit ihren Prognosen richtig gelegen haben. Und da war ich gerade mal 30.

Gegessen hatte ich schon immer gern und viel. Während der Lehre zum Straßenbauer hielten mein Kumpel und ich vor Beginn der Berufsschule häufig am Burger King. Er schaffte in 15 Minuten einen Double Whopper, ich schaffte in derselben Zeit drei. Zu dieser Zeit hielt mein Körper derartige Gelage noch gut aus, ich machte nämlich nebenher noch mächtig viel Sport – ich drückte Gewichte, fuhr Fahrrad und betrieb Kampfsport. Als ich mich dann selbstständig machte, war ich 21. Ich stellte den Sport komplett ein, neben der Arbeit war irgendein Training zeitlich einfach nicht mehr zu schaffen. Mein Hunger und mein Essverhalten änderten sich in den Folgejahren aber nicht im Geringsten.

Mit 400 Euro Minus auf dem Konto, einem alten Pritschenwagen und einer Erstausstattung an Werkzeug, was mein Bruder und ich mit geliehenem Geld unserer Großeltern anschafften, wurde zunächst die ersten Jahre von morgens früh bis abends spät wie blöde gebuckelt. Die ersten Einnahmen haben wir zurückgelegt, um eine finanzielle Reserve zu schaffen. Über mein Essen machte ich mir keine Gedanken, das diente der Kalorienzufuhr. Schnell musste es gehen und satt musste ich werden. Die Bratwürste morgens bei Eddi, meinem damaligen Bulettenschmied des Vertrauens, gingen als leichtes Frühstück durch, dem aber dann mittags mindestens zwei Portionen ordentliche Hausmannskost zur Seite gestellt werden mussten, damit ich den Tag auch überlebte, um am Abend, ausgehungert vom Nachmittag, noch mal so richtig reinzuhauen. Mit meinem Gewicht ging es stetig bergauf und genauso stetig ging es mit meiner Gesundheit bergab.

Der endgültige Niedergang in Sachen Gesundheit kam mit der Meisterschule. Meine Baufirma lief seit knapp sechs Jahren, ich pflasterte Einfahrten, baute Terrassen, zog Einfassungen und Mauern, nun fehlte mir noch der Meister zum Handwerk. Was ich mache, will ich ordentlich machen, das war damals so und ist heute so. Von Montag bis Freitag schleppte,

» Ich war übergewichtig, hatte immer irgendwelche Schmerzen, war schon ein paar Mal unter ihnen zusammengebrochen und stand kurz vor der Frührente. «

schnitt, mauerte und kloppte ich also Steine – neben der Bauplanung, dem Einrichten der Baustelle und der Buchhaltung – und stopfte, ohne nachzudenken, weiterhin unfassbar viel ungesundes Zeug in mich rein. Am Freitagmittag gab's noch zwei bis drei schnelle Döner am Imbiss und dann saß ich bis abends um acht in der Meisterschule, immer noch in meinen Bauklamotten. M&Ms aß ich damals nicht einzeln, sondern setzte die offene Tüte an und trank ganz einfach aus ihr, wie ich auch Schokolade nicht etwa stückchen- oder riegelweise, sondern am liebsten im Ganzen abbiss und futterte. Den Samstag verbrachte ich auch noch mal komplett in der Schule und sonntags bereitete ich die kommende Arbeitswoche vor.

Um das mal klar zu sagen: Ohne die Unterstützung meiner Frau und das Lachen unserer Kinder hätte ich diese Zeit nicht überstanden. Niemals. Aber uns allen war auch bewusst, dass wir das nicht lange durchhalten würden. Meine Frau und ich arbeiteten beide Vollzeit, die Wochenenden verbrachte ich in der Schule und am Schreibtisch, meine Frau schmiss Haus, Garten und Haushalt allein und die Kinder samt Hund wollten auch noch versorgt werden. Essen durfte nicht aufwendig oder zeitraubend sein. Gerichte aus frischen Zutaten zu planen, dafür einzukaufen und sie zuzubereiten: Dafür hatten wir schlichtweg weder Zeit noch Energie. Buddy, unser Boxer, bekam dann das Gemüse, das wir immer brav kauften, aber selten aßen.

Irgendwann kamen die Krankheiten. Nicht plötzlich oder von Ausfällen begleitet, nein, die Schmerzen und die Schwäche kamen langsam, schleichend, zunächst fast unmerklich. Die Gelenke schmerzten nach harten Arbeitstagen, die Füße taten weh, aber das kann ja schon mal sein, wenn man den ganzen Tag Steine schleppt, dachte ich und maß dem keine besondere Bedeutung bei. In meinem Kopf wummerte und dröhnte es vermehrt und auch das Denken fiel mir immer schwerer. Ehrlich, wenn alles schwergängiger wird, macht sich das im Denkvermögen bemerkbar. Buddy ging es dank der zahlreichen Gemüserationen im Übrigen bestens. Dann fingen meine Knie an, weh zu tun. Es dauerte nicht lange und es kamen Rückenschmerzen dazu, ich wurde kurzatmig, der Pneumologe diagnostizierte Asthma, Herzrasen am Tag und Schlaflosigkeit in der Nacht verschlimmerten das Ganze. Ich schwitzte mittlerweile den kompletten Tag, auch wenn ich mich gar nicht bewegte, und mein Gesicht war stets hochrot. Ich hatte ständig mit irgendwelchen Infekten zu tun, sodass ich fast dauerkrank war.

ENDSTATION KLINIK

Nach eineinhalb Jahren hatte ich meinen Meister und war noch mal 15 Kilo schwerer geworden. Glücklicherweise war ich immer muskulös, die körperliche Arbeit sowie meine sportliche Jugend zahlten sich aus und meine 135 Kilo verteilten sich ganz gut (zumindest gemessen an meinen Oberarmen und dem breiten Kreuz), aber mehr als 2 bis 3 Stunden am Stück zu arbeiten, schaffte ich nicht mehr. Zum damaligen Zeitpunkt wurde ich auch öfter als Einlasser/Rausschmeißer bei diversen Konzerten gebucht, meine Erscheinung war schon ordentlich. Hätte allerdings der eine oder andere Störenfried geahnt, dass es mir so schlecht ging, dass man mich locker mit einem nassen Waschlappen hätte K.O. hauen können, wäre manche großschnäuzige Ansage von mir wohl unbeachtet geblieben. Die Schmerzen im Rücken, in den Knien, den Füßen, den Gelenken – sie hatten genau wie ich zugelegt und sie blieben. Mein Darm hatte sich dauerhaft entzündet, ich hatte mir einen Reflux (Sodbrennen) eingehandelt und mein Herz raste jetzt auch nachts, nämlich dann, wenn ich mich im Bett einfach nur von der einen Seite auf die andere drehte. Wirklich! Allein diese eine einfache Bewegung im Bett ließ mein Herz durchdrehen. Alles in allem war mein Körper komplett im Eimer. Und langsam bekam ich Angst. In stillen Momenten, wenn ich gerade mal nichts zu tun hatte, kroch dieses hässliche Gefühl hervor, dass mein Leben eher früher als später zu Ende gehen könnte. Ich war nicht weit davon weg, wie ich nicht mal ein Jahr später erfahren sollte. Auch die riesigen Portionen, die ich aß, machten mir zunehmend Angst, denn ich spürte fast kein Sättigungsgefühl mehr. Ich erinnere mich, dass ich mal auf dem Weg zur Meisterschule im Auto anfing, wie ein Schlosshund zu heulen, da ich gerade zwei riesige türkische Pizzen mit doppelt Fleisch verdrückt hatte und ich einfach nicht satt war, mein Bauch sich allerdings nach solch einer Menge an Essen anfühlte, als würde er platzen wollen. Meine wunderschöne graue Zunftkleidung, die meinen Handwerkerstolz zum Ausdruck brachte, zierte die Größe XXL. Ich weiß nicht, ob ich es schon erwähnte: Ich bin gerade mal 1,74 Meter groß. Das heißt, die Hosen wurden ungefähr auf Kniehöhe eingekürzt. Die Knopfleiste meiner Weste, die sich eigentlich vertikal in der Mitte des Bauches befindet, saß bei mir an den seitlichen Rippen, da ich sie selbst mit Baucheinziehen nur im Ansatz zubekam. Die Länge des Sicherheitsgurtes in meinem Transporter wurde nun schon komplett ausgereizt und ich fragte mich: Was kommt danach? Kann man sich einen längeren Gurt einbauen lassen? Ich glaube nicht – und wozu denn auch. Ich klemmte ja schon zwischen Sitz und Lenkrad, das sollte mich wohl halten (haha ...).

Irgendwann im Oktober 2012 wachte ich morgens mit üblen Schmerzen im ganzen Körper und weitgehend bewegungsunfähig auf, in der Notaufnahme konnte aber keine Ursache festgestellt werden. Unter Schmerzmitteln, die eine kleine Besserung brachten, wurde ich nach Hause entlassen, kroch ins Bett und am nächsten Tag ging es mir ein biss-

» Ich dachte an meine drei Kinder und fragte mich, ob ich sie wohl noch aufwachsen sehe, und machte mir riesige Vorwürfe, was ich mir selbst und meiner Familie damit angetan hatte. «

chen besser, also machte ich weiter. Einige Tage darauf kamen die Schmerzen wieder, dieses Mal jedoch schlimmer als je zuvor, und blieben auch hartnäckig, trotzdem fuhr ich Tag für Tag auf die Baustelle und quälte mich. Was blieb mir auch anderes übrig? Als Selbstständiger bleibt man nicht einfach mal zu Hause. Ganze zwei Wochen schaffte ich das. Bis ich eines Abends nach Hause kam, mich kurz hinlegte und dann nicht mehr in der Lage war, allein aufzustehen.

Ich landete wieder im Krankenhaus, diesmal mit dem ganz großen Tatütata. Als mich die Sanitäter auf die Trage legten und mich aus dem Haus in den Krankenwagen brachten, standen meine damals noch kleinen Kinder am Fenster und weinten. Das tut mir heute noch so sehr leid, dass sie ihren Papa so sehen mussten und Angst um mich hatten! Im Krankenhaus angekommen, stöpselte man mich an einen Schmerztropf, der keinerlei Wirkung zeigte. Ich kann dir nur sagen, da bekommt man es richtig mit der Angst zu tun, wenn ein Haufen Medikamente durch deine Venen fließt und es deine Schmerzen völlig unbeeindruckt lässt, zumal ich damals der festen Überzeugung war, dass ganz egal, was die Schmerzen verursacht, irgendein Arzt der Ursache mit einem gut platzierten Medikament schon beikommen kann. Na ja, man lernt nie aus, heißt es. Nichts half. Dann wurden die Standards wie Blutwerte, Blutdruck, Puls und Herzschlag überprüft. Alles in allem war die Auswertung nicht wirklich rosig, ein typischer Fall von schwerem Übergewicht, wie mir ein Arzt zu verstehen gab.

Mit dieser Aussage lag ich nun im Krankenhausbett, völlig fertig, verängstigt, voller Schmerzen und bewegungsunfähig mit einer Bettpfanne in der Hand, da ich nicht mal mehr allein schiffen gehen konnte. Schön peinlich war mir das, als mir die transportable Toilette von einer jungen Schwester übergeben wurde. Ohne jeglichen Lichtblick der Genesung oder einen Ansatz, wie ich das Ganze schnellstmöglich wieder kitten kann. Ist ja nicht so, dass sich im Krankenhaus jemand rund um die Uhr um dich kümmert, ich lag halt da und wurde von Geräten überwacht, das war's. Ich dachte an meine drei Kinder und fragte mich, ob ich sie wohl noch aufwachsen sehe, und machte mir riesige Vorwürfe, was ich mir selbst und meiner Familie damit angetan hatte. Als später ein weiterer Patient in mein Zimmer gebracht wurde, der hoch fieberte, die Ärzte allerdings nicht wussten, was die Ursache war, gab mir das zumindest so viel Energie, dass ich mich irgendwie aus dem Bett schälte, mich

gegen die Wand lehnte und meine Frau anrief. An dieser Stelle sei kurz bemerkt, dass ich zu diesem Zeitpunkt ein nicht allzu kleiner Hypochonder war. Völlig panisch sagte ich zu meiner Frau: „Hol mich hier raus! JETZT!“ Ich entließ mich also höchst frustriert selbst, meine Frau brachte mich nach Hause, wo ich kurz nach der Ankunft für einen kurzen Moment mein Bewusstsein verlor.

Über mehr als zehn Jahre hatte ich mit meinem Lebensstil und meiner Ernährung ein grundsolides Fundament für lebenslange Schmerzen geschaffen. Das muss man auch erst mal hinkriegen.

In den folgenden Tagen suchten wir einen alten Sportarzt, eine richtige Koryphäe seines Fachs, in Hoppegarten auf. Der war zwar längst im Rentenalter, praktizierte aber noch. Er gab mir unzählige Spritzen, erklärte, dass alle Muskeln gleichzeitig kontrahiert und völlig verspannt wären, was diese unsäglichen Schmerzen verursacht hatte, und riet mir, dringend abzunehmen. Dann entließ er mich nach Hause, wo mich am Folgetag der brutalste Muskelkater meines Lebens heimsuchte. Als ich wieder einigermaßen laufen konnte, suchten wir einen Arzt nach dem anderen auf und Arzt für Arzt sagte mir, ich solle zuerst mal abnehmen. Damit hatten sie zweifellos Recht. Nur wie? Mit den Schmerzen in Füßen, Gelenken und Knien konnte ich kaum Sport machen, seit Jahren war ich nicht mehr gerannt, Herz und Lunge machten das ja auch nicht mehr mit. Ich aß jetzt weniger, riss mich zusammen, ging hungrig schlafen. Aber hier gab es auch Grenzen, schließlich musste ich bei Kräften bleiben, um meine Arbeit wieder aufnehmen zu können, die Firma hing ja daran. Seit meinem Krankenhausaufenthalt war ich nämlich krankgeschrieben. Kein Sport, keine Diät, keine Hilfe – mein Leben schien auf ein hässliches Ende hinzusteuern.

Die ersten Schritte

Ich suchte nach einem Ausweg, nach irgendeiner Möglichkeit, die ich noch selbst in der Hand hatte, und setzte mich intensiv mit der Idee der Selbstheilung auseinander. Am Ende fiel mein Blick immer mehr auf die Zusammensetzung meines Essens. Alternativen hatte ich keine und mein Körper hatte ein eindeutiges und unmissverständliches Signal gegeben: Klar kann es so weitergehen, aber nicht mehr lange. Das hatte nun sogar ich verstanden. Knapp zwei Wochen später hatte ich meine Ernährung komplett auf vegetarisch umgestellt, das kannte ich schon, denn das hatte ich ein paar Jahre zuvor aus ethischen Gründen mal ein halbes Jahr probiert. In einigen Artikeln las ich nämlich, dass es unter anderem die tierischen Eiweiße in hoher Dosierung sein sollen, die unsere Körper in Schieflage bringen. Außerdem hörte ich zum ersten Mal, dass ein hoher Konsum von Fleisch und deren Produkten das Risiko für Herz-Kreislauf-Erkrankungen sowie für Diabetes Typ 2 und verschiedene Krebsarten erhöhe. Ich schöpfte Hoffnung, dass ich wieder gesund werde, wenn ich etwas an meiner Ernährung ändere. Das war ein extrem gutes Gefühl. Ich hatte es in der Hand und das Beste daran, wenn es denn funktioniert: alles ohne Medikamente und Ähnliches.

In diese Zeit fiel auch ein denkwürdiger Besuch bei einem Gutachter meiner Krankenkasse. Ich war ja nun schon einige Wochen krankgeschrieben und die Kasse musste bewerten, wie es mit mir weitergeht. So hockte ich also vor dem Gutachter, der mich im Verlauf des Gesprächs sehr ruhig und sehr ernsthaft fragte, ob ich denn schon einen Rentenantrag gestellt hätte. Rente. Kein Witz. Da habe ich ihm erklärt, dass ich nicht vorhätte, in absehbarer Zeit in Rente zu gehen, ich würde selbstverständlich wieder gesund werden, ich würde wieder arbeiten. Und ich hätte damit auch schon angefangen, mit dem Gesundwerden, bei meiner Ernährung hätte ich angesetzt und das würde auch gut funktionieren. Der Gutachter nahm meine Einlassungen geduldig zur Kenntnis, lächelte freundlich und erläuterte mir, wie Menschen in meinem Zustand mit Tabletten eingestellt werden, um bestmöglich den Rest ihrer Tage zu überstehen.

An dieser Stelle hätte ich komplett entmutigt einknicken, in mich zusammenfallen und aufgeben können: „Ich schaffe das eh nicht. Viel zu fett, viel zu krank, viel zu schwach. Keiner schafft das, gib auf!“ Da habe ich sie ganz kurz wieder gefühlt, diese elende Ohnmacht, die ich von früher kannte, plus Angstschweiß und Herzrasen. Aber diesmal kriegte sie mich nicht,

» Essen war DER Schlüssel. Nur das Vegetarische reichte mir nach ein paar Tagen nicht mehr, denn ich informierte mich natürlich weiter und stieß auf die vegane Ernährung. «

denn zu diesem Zeitpunkt ging es mit meinem Wohlbefinden schon etwas bergauf und ich fühlte mich durch die Ernährungsumstellung total beflügelt. Ich fing mich schnell, lächelte den Herren im weißen Kittel zuversichtlich an, verabschiedete mich. Ich stapfte nach Hause und mir war klar, dass ich keinerlei Anfangshürden mehr vor mir hatte, ich war ja bereits auf dem Weg. Essen war DER Schlüssel. Nur das Vegetarische reichte mir nach ein paar Tagen nicht mehr, denn ich informierte mich natürlich weiter und stieß auf die vegane Ernährung. Das war viel krasser und schien mir auch aus ethischer Sicht das plausiblere Konzept. Eiweiße, Nährstoffe, Vitamine und Co. sind ausreichend in Pflanzen vorhanden, das hatte ich durch meine Recherchen bereits erfahren. Man muss sein Essen nur gut durchdacht zusammenstellen.

Nur mal zur Einordnung meines Vorhabens: Zu der Zeit, als ich beschlossen hatte, vegan zu leben, hatte eine große deutsche Wochenzeitung den Veganern eine ganze Aufklärungsthemenwoche gewidmet, unter anderem mit Titeln wie: „Ist Veganismus wider die Natur?“ Diese Schlagzeile charakterisierte ziemlich treffend die damalige gesellschaftliche Haltung gegenüber veganer Ernährung, genauso wie das Angebot an rein pflanzlichen Nahrungsmitteln in den Supermärkten. Selbst die Worcestersauce enthielt etwas vom Tier, ich wäre im Leben nicht darauf gekommen, dass darin Sardellen sind. Und die wenigen pflanzlichen Brotaufstriche, die es damals gab, hätten geschmacklich ein Plan der Fleischindustrie zur Abschreckung etwaiger Pflanzenfresser sein können, so unfassbar unappetitlich waren die. Als Veganer der 2010er-Jahre war man auf Grundnahrungsmittel und Gemüse zurückgeworfen, die ich bis dahin als stinklangweilige Beilagen des eigentlichen Gerichts betrachtet hatte. Aber nackte Nudeln und Gurkenstullen konnten doch nicht die Krone pflanzlicher Ernährung sein.

Nach wenigen Wochen

Um nicht zu verhungern, musste ich ganz neu kochen lernen. Also las und lernte ich und erschloss mir nach und nach die Welt der pflanzlichen Nahrungsmittel. Allein die Vielfalt der Geschmäcker unterschiedlicher Linsensorten, Bohnen, Nüsse und Samen war atemberaubend. Aus Kichererbsen konnte man so gut wie alles machen, zum Beispiel Buletten und Eintöpfe, und aus ihrem Mehl leckere Fladen. Pürierte man Nüsse oder Linsensuppe vom Vortag, kamen großartige Brotaufstriche dabei heraus. Ich rührte Hanfsamen (herrlich nussig) oder ganze Linsen unter den Reis, bezwang den Angst- und Ekelendgegner Tofu (heute liebe ich ihn und er ist von meinem Teller nicht mehr wegzudenken), machte aus Kichererbsen Hummus und aus ihrem Kochwasser veganen Eischnee. Nebenher lernte ich auf meinen Streifzügen über Kreuzberger Gemüsemärkte eine ganze Palette an verschiedenen Kräutern kennen und zu Hause sorgte die vierköpfige knochenharte Jury für eine radikale Auslese in puncto Geschmack.

Damals war ich bei meiner veganen Kocherei in erster Linie auf der Suche danach, wie ich Fleisch ersetzen konnte, ich wollte den Geschmack meines geliebten Gulaschs doch nicht verlieren. Ich versuchte, Gulasch und Braten nachzubauen. Und Buletten, die wollte ich auch nicht missen – ob es nun Hackfleisch ist oder Linsen oder Tofu, was verarbeitet wird, letztlich kommt eine Masse heraus, die mit Salz, Pfeffer, Majoran und Senf gewürzt und gebraten wird, das verstand ich recht schnell.

Neben der richtigen Konsistenz des Fleischersatzes bestand die große Herausforderung darin, den herzhaften, runden, satten Geschmack, der „umami“ genannt wird, ins vegane Essen zu bringen. Es gab ja kaum vernünftige Zutaten, um Gerichte nachzubauen. Auch Rosenkohl in Bechamelsauce schien für immer verloren. Vereinzelt fand ich Sojamilch und Nussmus, aber damit kam ich noch nicht weit. Also experimentierte ich mit Zubereitungsarten und Gewürzen, um den Geschmack zu imitieren, den man hat, wenn man in ein saftiges Filet beißt. Das funktionierte auch immer besser. Meine Pflanzenbuletten wurden ausgefeilter, meine Bratenimitate kamen dem Original immer näher. Geröstete Pilze und Tomatenmark waren dabei hilfreich. Röstaromen sind sowieso etwas Wunderbares, die extreme Hitze über kurze Zeit setzt vollmundige, würzige Aromen frei. Ich baute Leberwurst nach und Rührei, die Familie war zufrieden und mir ging es immer besser. Eine Krankheit nach der anderen machte sich vom Acker. Und die Pfunde purzelten. Nach gut einem Monat hatte ich 12 Kilo verloren, nach 4 Monaten war tatsächlich mein Asthma weg und mein Blutdruck war fast wieder normal. Dann verschwanden sogar die Schmerzen in Knien und Füßen. 14 Monate, nachdem ich begonnen hatte, mich vegan zu ernähren, war ich 50 Kilogramm leichter, meine Blutfettwerte hatten sich verbessert und ich konnte wieder durchschlafen. Die Entzündung meines Darms war nach etwa 2 Jahren Geschichte. Meine Familie bescheinigte mir, außergewöhnlicher, spannender und wohlschmeckender als je zuvor zu kochen, und mir ging es so gut wie seit einem Jahrzehnt nicht mehr.

Ich erinnere mich an meinen größten Glücksmoment in jener Zeit: Hinter dem Haus war ich auf einer meiner Baustellen beschäftigt, als jemand versuchte, vorn auf der Straße mein Werkzeug zu klauen. Ich sprang hoch, brüllte, fing an zu laufen und merkte plötzlich: „Alter! Du rennst!" Das klingt jetzt banal, ich weiß, aber ich kann dir sagen, dass das ein ganz großer Moment für mich war, ich war unfassbar glücklich. Seit Jahren war ich nicht mehr gerannt. Kreislauf, Gelenke und Rücken hatten es einfach nicht mitgemacht, ich konnte mich nicht mal mehr im Schlaf umdrehen, ohne nach Luft zu japsen. Doch nun veränderte sich mein Körper, ich wurde gesund und im Zuge dieser spür- und sichtbaren Fortschritte veränderte sich meine gesamte Einstellung zum Essen und zur Ernährung.

Ich wollte mehr darüber erfahren, was es heißt, gesund zu leben und sich gesund zu ernähren, was uns krank und auch wieder gesund macht. Ich wollte verstehen, was in meinem Körper passiert ist, was ihn so krank, aber auch wieder fit gemacht hat. Außerdem fanden meine Kochkünste bei Familie, Freunden sowie Kolleginnen und Kollegen so großen Anklang, dass sie meinten, ich solle Kochkurse geben.

Aber wer würde zu einem Kochkurs eines Straßenbaumeisters kommen? Ich machte mich also auf die Suche nach einer Ausbildung, um meinen Wissensdurst zu stillen und mir irgendeinen Titel zu erarbeiten, der mich für etwaig kommende Kochkurse auch glaubwürdig macht. So absolvierte ich 2014 eine zweimonatige Ausbildung zum ärztlich geprüften Ernährungsberater mit dem Schwerpunkt veganer und rohveganer Ernährung – im Übrigen zusammen mit dem heutigen Ernährungswissenschaftler Niko Rittenau. Niko kam

» Nach gut einem Monat hatte ich 12 Kilo verloren, nach 4 Monaten war tatsächlich mein Asthma weg und mein Blutdruck war fast wieder normal. «

damals gerade aus Österreich nach Deutschland. Er verfügte bereits über ein sehr umfassendes Wissen über Ernährung und übernahm dankenswerterweise gern zwischendurch mal den Lehrstuhl. Ich lernte viel über die Bedeutung und deren sinnvolle Zusammensetzung von Nährstoffen und Vitaminen, Proteinen und sekundären Pflanzenstoffen im täglichen Essen. Ich verstand zum ersten Mal, dass die Verdauung bereits im Mund beginnt und warum es so wichtig ist, sein Essen gut zu zerkauen. Denn nicht etwa, um seine Kiefermuskeln zu trainieren beziehungsweise nicht ausschließlich, sondern der Speichel enthält Verdauungsenzyme, die die Nahrung bereits im Mund zerlegen. Früher war mein Ansatz: Hauptsache, schnell runterschlucken, umso mehr Essen kann ich binnen kürzester Zeit verdrücken. Im Nachhinein ist es kein Wunder, dass ich mit Verstopfungen, Blähungen und heftigem Sodbrennen zu tun hatte. Ebenfalls wurde mir während der Ausbildung erst die Bedeutung des Darms so richtig bewusst. Ja, dass dort die Verdauung stattfindet, wusste ich schon, aber dass alles nicht mehr so richtig funktionieren kann, wenn er dauerhaft entzündet ist, das war mir neu. Außerdem spielt er eine große Rolle für unser Immunsystem, bei der Abwehr von Viren und anderen Krankheitserregern sowie der Aufnahme und Abgabe von Wasser. Auch die Psyche wird von unserem Darm beeinflusst. Mir wurde immer mehr klar, wie wichtig es ist, sich nicht mit Mist vollzustopfen, sondern den Körper mit frischer und gesunder Nahrung zu versorgen, sodass der Darm gut arbeiten und uns vital halten kann. Das sind natürlich nur einige kurze, aber damals für mich sehr fundamentale Auszüge an Erkenntnissen, die ich während der Ausbildung wie ein Schwamm aufsog. Essen nun nicht mehr nur nach dem Geschmack zu kreieren, sondern so zusammenzustellen, dass man mit allem, was der Körper benötigt, gut versorgt ist, machte richtig Spaß. Ich wusste nun zum einen besser Bescheid, wie meine Familie und ich gesund und ausreichend mit Nährstoffen versorgt werden, gleichzeitig lernte ich eine Menge über die massiven gesundheitlichen Risiken, denen ich mich die vergangenen zehn Jahre ausgesetzt hatte. Den Sinn des Spruchs „Der Weg zur Gesundheit geht durch die Küche, nicht durch die Apotheke“ hatte ich nun verstanden und verinnerlicht.

Raus aus dem tödlichen Quartett

Erlaube mir einen kleinen Exkurs zu diesen Risiken, diesen Krankheitsbildern, denn jedes für sich bedeutet eine Gefahr für den Körper, aber vier von ihnen, die umgangssprachlich als „tödliches Quartett" bezeichnet werden, ergeben gemeinsam das sogenannte metabolische Syndrom, eine körperliche Verfassung, die als Hauptrisikofaktor für Herz-Kreislauf-Erkrankungen gilt. Und die hatte ich mir über die Jahre ausdauernd und gründlich erarbeitet. Die vier Reiter meiner ganz persönlichen Apokalypse waren also Bluthochdruck, Übergewicht, ein dauerhaft erhöhter Blutzuckerspiegel und ein gestörter Fettstoffwechsel. Zusammen verdoppeln sie das Risiko für Herzinfarkt und Schlaganfall. Noch sehr viel stärker steigt die Wahrscheinlichkeit, zuckerkrank zu werden: Bis zu fünfmal häufiger als Vergleichsgruppen erkranken Menschen mit dem metabolischen Syndrom an Typ-2-Diabetes.

Die wichtigsten Grenzwerte für das metabolische Syndrom sind die folgenden:

- **stammbetontes Übergewicht** (abdominelle Adipositas) mit einem Taillenumfang ≥ 94 cm bei Männern und ≥ 80 cm bei Frauen (europäischer Herkunft, Asiaten haben abweichende Normwerte)
- **Fettstoffwechselstörungen** mit erhöhten Triglyceridwerten > 150 mg/dl (> 1,7 mmol/l) und erniedrigter HDL-Cholesterinkonzentration: bei Männern < 40 mg/dl (< 1,05 mmol/l) und bei Frauen < 50 mg/dl (< 1,25 mmol/l)
- **Bluthochdruck** (arterielle Hypertonie) von > 130/85 mmHg
- **Diabetes Typ 2** oder erhöhter Nüchternblutzuckerwert von > 100 mg/dl (> 5,6 mmol/l)

Die Grundlagen für das metabolische Syndrom kann man prima selbst schaffen, man braucht dazu nur auf der dunklen Seite der Lebensmittel zu wildern. Wer wie ich jahrelang bei allen Mahlzeiten schnell verdauliche Kohlenhydrate zu sich nimmt, also beispielsweise Weißbrot, Nudeln, Kartoffeln, Reis und Salzgebäck, dazu zuckerhaltige Nahrungsmittel wie Limonaden, Süßigkeiten, Kuchen und dazu vielleicht dann noch jede Menge Fructose (zum Beispiel aus Obst und Fruchtsäften), wer Alkohol nicht verschmäht und das Ganze mit Light-Produkten und Süßstoffen krönt, der darf sich nicht wundern, wenn er unfassbar viel Appetit hat und dauernd isst. Ständiger Hunger ist selbstgemacht. Der Blutzuckerspiegel steigt bei einer solchen Ernährung zunächst explosionsartig und fällt dann so schnell ab, dass sogar eine

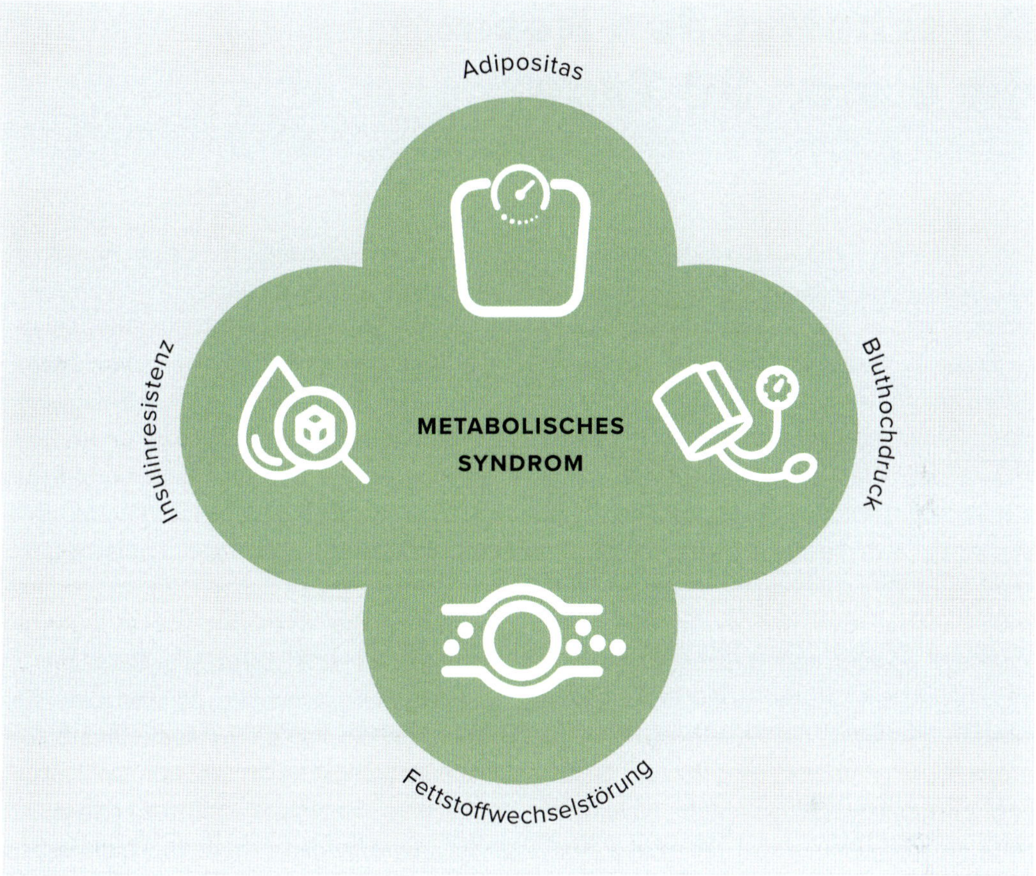

Unterzuckerung möglich ist oder ein flaues Gefühl, wenn man nicht relativ kurz nach der letzten Mahlzeit erneut etwas isst. Mitunter kann ich mich an zittrige Hände und Schweißausbrüche erinnern, die mich oft schon 2 bis 3 Stunden nach dem Essen heimsuchten.

Konstant hingegen hält sich der Blutzuckerspiegel bei vollwertiger und pflanzenbasierter Kost. Längere Phasen, ohne wieder etwas essen zu müssen, sind bereits nach 2 bis 3 Tagen kein Problem mehr. Man spürt Ausdauer und Kraft, die eigene Leistungsfähigkeit bleibt länger erhalten. Der zweite Faktor, der auf der Seite der pflanzenbasierten Ernährung punktet, sind die Ballaststoffe, die in Magen und Darm quellen, aber meist unverdaulich sind. Sie sorgen für Sättigung durch Beschäftigung und Volumen in Magen und Darm. Beides signalisiert dem Körper, dass er noch nicht wieder Nahrung zu sich nehmen braucht. Zudem verbessert sich die Verdauung, Unerwünschtes wird sehr viel schneller aus dem Darm befördert, was dem Darm wiederum sehr hilft, sich zu erholen.

Du schaffst den Reset: die ersten 30 Tage

Die ersten 30 Tage sind wichtig. So wichtig, dass sie ein eigenes Kapitel bekommen. Mitunter ist es nicht einfach, konsequent durchzuhalten, deshalb habe ich Tipps und Rezepte zusammengesammelt, mit denen du diese ersten 30 Tage meistern kannst. Das Wichtigste ist die Wahl der Lebensmittel.

Unter den pflanzlichen Lebensmitteln sind einige, die sich besonders gut eignen, um einen Blutzuckeranstieg und den darauf unvermeidlich folgenden Hunger zu vermeiden. Dann gibt es noch Lebensmittel, die du meiden solltest, weil sie zum Beispiel Heißhungerattacken auslösen. Vieles ist darüber hinaus wider Erwarten nicht vegan, schaue dir deshalb die Inhalte genau an. Häufig finden sich Milchzucker, Hühnereiweiß oder Fischsauce in Lebensmitteln, die eigentlich pflanzlich sein sollten. Außerdem sind einige Lebensmittel gar nicht so arm an Kohlenhydraten, wie man glaubt – Kartoffeln, Reis und Nudeln beispielsweise sind voller Kohlenhydrate. Per se sollten Kohlenhydrate aber nicht verteufelt werden, denn der Körper benötigt sie als Energielieferanten, zudem sind sie für viele Stoffwechselvorgänge notwendig und sind unabdingbar für unser Gehirn und unsere Muskeln. Überflüssige Kohlenhydrate hingegen, also die, die der Körper nicht sofort benötigt, können in Speicherzucker oder Fett umgewandelt werden, das sich wiederum im Körper einlagert. Kohlenhydrate sollten wir also in Maßen zu uns nehmen, sie helfen nicht beim Abnehmen oder Entgiften des Körpers.

Gemüse ist vielseitig in seiner Zubereitung wie in der Wirkung. Besonders die in vielen Gemüsesorten enthaltenen unverdaulichen Stoffe sind von großem Vorteil für unseren Organismus. Sie erzeugen nicht nur ein starkes Sättigungsgefühl, sondern verbessern auch die Darmflora, die für das Immunsystem eine zentrale Rolle spielt. Außerdem enthalten sie Ballaststoffe wie Pektin, die sich günstig auf den Cholesterinspiegel auswirken.

Zum Glück lassen sich die geliebten Beilagenklassiker kohlenhydratarm und richtig lecker ersetzen. Aus geraspeltem Blumenkohl, angebraten in etwas Olivenöl, kann ein knuspriger Blumenkohlreis werden. Traditionelles Kartoffelpüree lässt sich wunderbar mit Steckrüben oder Sellerie zubereiten. Damit das Püree cremiger und vollmundiger schmeckt, kann statt der Sahne ein pflanzlicher Joghurt oder Drink untergehoben werden.

Für alle Nudelliebhaber gibt es mittlerweile richtig gute Trockenteiglinge aus den verschiedensten Hülsenfrüchten, zum Beispiel aus Kichererbsen, Linsen, schwarzen Bohnen oder Mais. Und mithilfe eines Spiralschneiders lassen sich aus Zucchini, Möhren, Roten Beten und Co. solide Gemüsenudeln herstellen. Aber darauf komme ich später noch mal genauer zurück, jetzt kümmern wir uns erst mal um die Basics.

DAS MATERIAL

Im Folgenden habe ich übersichtliche Listen zusammengestellt, die dir helfen, dich zurechtzufinden, und die es dir leichter machen, nicht nur die ersten 30 Tage durchzuhalten.

In den ersten 30 Tagen solltest du deine Ernährung vor allem aus diesen Lebensmittelgruppen bestreiten:
Aromatisiertes Wasser, selbst hergestellt, z. B. mit Beeren, Gurke oder Zitrone
Beeren
Gemüse
Gemüseaufstriche
Hirse
Hülsenfrüchte (Bohnen, Erbsen, Linsen)
Kaffee, Tee, Wasser
Kerne und Samen
Kokosmilch
Nüsse und Nussmuse
Obst
Pilze
Quinoa
Salate
Selbst eingelegtes Gemüse
Selbst gemachtes Eis (siehe Rezepte)
Senf (Zutatenliste studieren), Tomatenmark
Sprossen und Keimlinge
Vegane Milchprodukte (ungesüßt!)
Vollkornprodukte

In den ersten 30 Tagen begrenzt verwenden:
Eingelegtes Gemüse aus dem Supermarkt mit viel Zucker, z. B. Essiggurken oder Silberzwiebeln
Erdnüsse
Rosinen, Studentenfutter
Seitan
Soja- und Erbsenschnetzel
Trockenfrüchte
Vegane Schokolade

In den ersten 30 Tagen strikt vermeiden:
Alkohol
Alle hochverarbeiteten Produkte
Alles, was Emulgatoren, Farbstoffe und Trennmittel enthält
Fertiggerichte
Frittiertes
Gehärtete Fette
Industrielle Nachmachprodukte (vegane Schnitzel, vegane Würste etc.)
Milch und Milchprodukte
Salzgebäck
Süßkram und Gezuckertes
Süßstoffe
Tierische Produkte aller Art (Fleisch, Fisch, Käse etc.)
Vegane Puddings und Joghurts mit Geschmack
Weißmehlprodukte aller Art

DAS WERKZEUG

Mit der Wahl der richtigen Lebensmittel ist der erste Schritt getan. Es dauert ein bisschen, aber mit etwas Geduld und Fleiß kannst du dir die Nahrungsmittel einprägen. Zudem ist das Lernen der Listen eine prima Ablenkung von vor allem in den ersten 3 Tagen auftretenden Hungergefühlen. Sei sorgfältig, konzentriere dich aufs Abnehmen, auf deinen Körper, auf dein Gesundwerden. Ein Hungergefühl ist vielleicht unangenehm, aber es ist nichts Schlechtes und du stirbst auch nicht davon. Versprochen! Außerdem nimmst du mit meinen Rezepten richtig viele Vitamine und Nährstoffe zu dir, wahrscheinlich mehr als je zuvor. Nimm einen kleinen aufkommenden Hunger sportlich – er bedeutet, dass du Gewicht verlierst und Gesundheit gewinnst.

Damit dein Essen sowohl wohlschmeckend als auch schön anzusehen ist, benötigst du einige Küchenutensilien. Auch hier habe ich die wichtigsten zusammengestellt, sodass du abgleichen kannst, was du in deiner Küche hast und was du noch brauchst. Aber eines noch vorab: Eine wichtige Erfahrung, die ich gemacht habe, war, dass die Tellergröße für mich eine Rolle dabei spielt, wie viel ich esse. In meiner damaligen Abnehmphase habe ich mal bei meinen Eltern gegessen, und zwar von Tellern, die ich noch aus meiner Kindheit kannte. Die waren echt klein, eher so Frühstückstellergröße, wie wir sie heute kennen. Meine Mutter bestätigte mir, dass das unsere ganz normale Tellergröße war. Krass! Die Teller, von denen wir heute essen, sind fast doppelt so groß und damit sind auch unsere täglichen Portionen gewachsen. Die Tellergröße ist ein ziemlich billiger psychologischer Trick, aber er funktioniert jedes Mal: Benutze kleine Teller, packe sie dir voll und du wirst zufriedener satt sein, als würdest du einen größeren Teller nur zur Hälfte füllen. Noch zufriedener wirst du, wenn deine Mahlzeit ansehnlich ist: Mache dein Essen hübsch, zum Beispiel mit frischen Kräutern, getrockneten Blüten, schönen Gewürzen, Sprossen und Nüssen. „Das Auge isst mit" – das ist kein leerer Spruch.

Nicht zu unterschätzen beim Abnehmen ist aber nicht nur die Tellergröße, sondern auch die Mengen an Fett im jeweiligen Rezept. Ich meine das Fett, das du zum Beispiel beim Braten oder Marinieren verwendest. Ein kurzer Tipp: Bedenkt man, dass bereits 1 EL Olivenöl je nach Löffelgröße mit 70 bis 120 kcal daherkommt, solltest du hier wirklich achtgeben. Gute Öle sind gesund, aber die Menge, die du verwendest, hat merkliche Auswirkungen auf dein Gewicht. In ordentlichem Kochgeschirr – soll heißen: in guten, soliden Pfannen, Töpfen und Auflaufformen – kann man Lebensmittel mit wenig Öl schonend zubereiten, ohne dass gleich etwas anbrennt. In meinen Rezepten kommt oft nur ½ EL Öl zum Einsatz, das ist vollkommen ausreichend und so gering, dass es im wahrsten Sinne des Wortes nicht ins Gewicht fällt. Beim Zubereiten einer Gemüsepfanne lohnt es sich, das Gemüse schön klein zu schneiden und wirklich nur kurz bei hoher Hitze unter Schwenken der Pfanne zuzubereiten. So kommst du mit wenig Fett zurecht, das Gemüse bleibt knackig und die Nährstoffe

» Mit einem einfachen Stabmixer im Haus kann man sich komplett durch dieses Buch kochen – er ist bereits für kleines Geld zu bekommen. «

erhalten. Braucht ein Gemüse längere Zeit zum Garen, empfehle ich, es bei geringer Hitze zu garen oder zu braten. Um das Anbrennen zu vermeiden, kann hier auch immer mal ein kleiner Schluck Wasser dazugegeben werden.

Aber kommen wir zurück zum Werkzeug. In meiner Küche beziehungsweise überall, wo viel frisches Obst und Gemüse verarbeitet wird, brauchst du etwas zum Pürieren und Mixen. Die Palette der verschiedenen Gerätschaften ist unüberschaubar und reicht von großen Küchenmaschinen, die nicht nur mixen, sondern auch Teig kneten, Gemüse reiben und entsaften können, bis zu einfachen Zerkleinerern und Stabmixern. So große Küchenmaschinen – oder Alleskönner, wie ich sie gern nenne – sind eine tolle Sache, allerdings haben sie ihren Preis und stehen riesengroß in der Küche auf der Arbeitsfläche herum. Weder passt ein solches Gerät in jeden Geldbeutel, noch hat es Platz in jeder Küche. Tatsächlich ist eine große Küchenmaschine aber auch gar nicht notwendig. Ich hatte mal so eine Maschine und habe sie aus Platzgründen wieder abgegeben, außerdem bin ich, rechnet man das Reinigen im Anschluss der Nutzung dazu, meistens auch einfach mit dem Messer schneller. Oder eben mit dem Blender oder Stabmixer, die zudem deutlich preiswerter und vor allem viel kleiner als so eine Maschine sind. In meiner Küche zerkleinern, mixen und pürieren ein **Hochleistungsmixer,** den ich ausschließlich für Smoothies verwende und schon seit 8 Jahren in Benutzung habe, sowie ein **Stabmixer.** Mit einem einfachen Stabmixer im Haus kann man sich komplett durch dieses Buch kochen – er ist bereits für kleines Geld zu bekommen. Meiner hat mal um die 50 Euro gekostet und hält bereits 6 Jahre – im Dauergebrauch wohlgemerkt. Ich liebe ihn, er ist klein, leicht und gut zu reinigen. Also besorge dir einen einfachen Stabmixer.

Daneben brauchst du eine ebenso einfache **Küchenreibe,** am besten eine Vierkantreibe mit unterschiedlichen Reibeflächen. Die gibt es ab etwa 10 Euro. Wenn ich Gemüse reibe, ganz egal, welches, dann mache ich das mit der Küchenreibe und gut ist. Auch die lässt sich schneller und leichter reinigen als eine große Küchenmaschine. Darüber hinaus ist jede noch so kleine Bewegung richtig gut für den Körper. Sollte man auch nicht vergessen.

Aber kommen wir zum nächsten und vermutlich wichtigsten Werkzeug, das du dir zulegen solltest, sofern du es noch nicht dein Eigen nennst. Mit Blick auf die richtige Auswahl an Messern halte ich es wie mit dem Essen: kein Gedöns. Ich empfehle ein **großes, scharfes**

Küchenmesser sowie ein **kleineres Gemüsemesser** zum Schälen, Häuten, Entkernen etc. Zum Kartoffelschälen nimm aber lieber einen **Sparschäler,** auch Spargelschäler genannt. Geht mit dem Teil supereinfach und kostet fast gar nichts. Mit solch einem Sparschäler lassen sich auch Gemüsenudeln von zum Beispiel Möhren, Zucchini oder Roter Bete runterhobeln. Wer das mit den Gemüsenudeln auf eine andere Ebene heben möchte, so richtig schick und mit verschiedenen Stärken und Formen, der sollte sich einen **Spiralschneider** zulegen. Mit dem lassen sich alle möglichen Gemüsesorten ganz einfach in „Nudeln" verwandeln, die optisch richtig was hermachen, hervorragend schmecken und sehr gesund sind. Es gibt Spiralschneider, die mit der Hand zu bedienen sind, klein und handlich, und größere, elektrische Versionen, die dann aber wieder Platz benötigen. Ich habe weder das eine noch das andere und hobele fleißig mein Gemüse, wenn ich daraus Gemüsepasta mache. Ein nettes Utensil ist so ein Spiralschneider aber allemal, wenn man ihn denn gebührend nutzt.

Was du sonst benötigst, sind eine **mittlere und eine große Pfanne,** eine von ihnen sollte einen **Deckel** haben. Des Weiteren solltest du dir, wenn du ihn nicht schon besitzt, einen **kleineren Topf** besorgen, zum Beispiel um Porridge zuzubereiten, genauso wie einen schönen **großen Suppentopf,** beides natürlich mit **Deckel.** Ach, und schaue bei deinem Kochgeschirr immer mal nach Beschädigungen in der etwaig vorhandenen Beschichtung. Diese Töpfe oder Pfannen solltest du auf keinen Fall mehr benutzen, da sich die Beschichtung mit all ihren metallischen Bestandteilen unter das Essen mischt, was zu gesundheitlichen Schädigungen führen kann.

Wenn jetzt noch ein, zwei **Salatschüsseln, Pfannenwender, Schneebesen** und **Kochlöffel** im Haus sind, kann eigentlich nichts mehr schiefgehen. Ach so, wenn genug Platz in der Küche ist, kann ich eine **Salatschleuder** sehr empfehlen. Darin kann man den Salat zuerst waschen und schließlich trocken schleudern. Denn auf feuchten Salatblättern haftet das Dressing nämlich deutlich schlechter als auf trockenen.

Gewohnheit und Selbstbestimmung – oder: Hunger ist selbst gemacht.

Zwischen 3 und 6 Wochen braucht der Mensch, um sich an neue Routinen zu gewöhnen, sagt man. Danach fällt alles viel leichter und kostet kaum noch Überwindung. Dann sei es ein Klacks, bei neuen Gewohnheiten zu bleiben. So ähnlich habe ich es erlebt. Die vergangenen Jahre waren allerdings nicht immer eine steile Aufwärtskurve. Gerade in der Phase, als die vegane Lebensweise den Mainstream erreichte und industrielle Fertigprodukte auf den Markt kamen, gab es lange Zeiträume, in denen ich mich von veganen Schnitzeln mit Fertigsaucen und Sahneersatzprodukten oder Ähnlichem ernährte und in denen ich wieder beträchtlich zunahm. Auch mein Gesundheitszustand verschlechterte sich wieder. Also begann ich erneut mein 30-Tage-Programm, achtete darauf, was ich aß, und kultivierte leicht angestrengt meinen Hunger, jedenfalls in den ersten Tagen. Da ist der Aufwand am größten, der Widerstand der eigenen Gewohnheiten und Routinen am stärksten. Doch ab Tag 4 oder 5 gibt es bereits die ersten Erfolgserlebnisse – und die beflügeln mich immer wieder.

Als Erstes sinkt bereits am ersten Tag dein Blutzuckerspiegel. Durch die ballaststoffreichere Nahrung mit durchweg niedrigerer glykämischer Last der Lebensmittel gibt es eine viel längere Sättigung, als du es gewohnt bist. (Eine Liste mit geeigneten Lebensmitteln findest du auf Seite 19 im Buch.) Die Neigung zu Heißhungerattacken sinkt also schon am ersten Tag, sodass du deutlich weniger Hunger verspürst als sonst und längere Phasen ohne Nahrung viel besser durchhältst.

Am zweiten oder dritten Tag sorgen die Ballaststoffe, die du zu dir nimmst, für eine bessere Verdauung, was allerdings bei empfindlichen Seelen zu Blähungen führen kann. Aber die verschwinden nach spätestens 2 Wochen wieder, keine Sorge. Der Körper sollte nun beginnen, Ketone zu bilden, was bedeutet, dass du bereits eigenes Fett verbrennst. Aber Vorsicht mit Glucose: Wer schummelt und zwischendurch einen Keks isst, ein Stück Schokolade nascht oder ein Bier trinkt, wird genau gar nichts abnehmen, weil die Ketose – so heißt der Prozess, in dem dein Körper Ketone aus Nahrungsfetten baut und diese dann als Energielieferanten nutzt – zumindest in den ersten 2 Wochen sehr empfindlich ist. Damit beraubt man sich einer superschönen Erfahrung. Mit den ersten Kilos weniger setzt nämlich auch eine merkliche Euphorie ein, die das leichte Durchhängen der ersten paar Tage ablöst. Die Hose hört auf zu kneifen, du brauchst weniger Schlaf, schläfst dafür besser und hast viel mehr Energie. Nach etwa 10 Tagen hat dein Körper bereits jede Menge Ketone im Blut und damit auf dein eigenes Fett als Energielieferant umgestellt. Jetzt kannst du sogar besser als sonst Ausdauerleistungen abrufen, weil du sozusagen direkt die größte Energiereserve anzapfst, die du hast: deine Speckrollen. Viele erfolgreiche Ausdauersportler bringen sich vor Wettkämpfen in den Zustand der Ketose. In ihm kann man unglaublich schnell abnehmen – wenn man diszipliniert ist. Ein einziger Tag nach deinem alten Essmuster und du kannst wieder ganz von vorn anfangen. Nicht gut, oder?

Wer es gewohnt ist, den ganzen Tag ohne längere Pause zu essen, muss Verzicht erst wieder lernen. Aber halte durch, so schwer ist es nicht, wenn du aufpasst, die Herausforderung annimmst und dich ganz bewusst disziplinierst. Nach einer guten Woche hast du dich daran gewöhnt und bekommst einen viel lässigeren Umgang mit Essen. Die vermisste Selbstbestimmtheit kehrt zurück, wie bei Menschen, die damit keine Probleme haben, weil sie es gar nicht anders kennen. Da ist viel, was man mit Selbstbewusstsein verwechseln könnte, vor allem anerzogen. Und selbst zu bestimmen, wann und was man isst, ist ein unschlagbares Gefühl. Du bestimmst über dich, dein Wille ist es, der übernimmt – und nicht irgendein Hungergefühl.

Das ist also auch ein Buch über Selbstverwirklichung, darüber, was alles geht, wenn man sich in Bewegung setzt und etwas will. Das hat viel mit Achtsamkeit zu tun, aber mit einer, die Mittel zum Zweck ist, kein modischer Selbstzweck, der als Schmusedecken-Insta-Post daherkommt. Es gehören nämlich auch Disziplin und Arbeit dazu. Ja, es ist manches Mal nicht einfach. Von heute auf morgen geht's sowieso nicht. Es gibt auch mal eine Durststrecke, die aus- und durchgehalten werden möchte. Doch es lohnt sich. Und zwar so richtig. Genau genommen sind die Durststrecken übrigens Hungerstrecken. Da hockst du abends auf der Couch und träumst von Chips und/oder Schokolade, Schinken, Eis und Popcorn und alles, was du hast, ist dieses leichte, aber unterschwellig nagende Hungergefühl. Also habe ich das für mich in etwas Positives umgebaut: Ich habe mir vorgestellt, wie die Fettverbrennungsmaschinerie anläuft, wenn ich eisern bleibe, wie all das ranzige, giftige Zeug, das ich all die Jahre in mich reingestopft hatte, abgebaut und aussortiert wird. Ich bin schließlich der Chef über meine Wampe und mein Befinden. Und wenn ich diesen leichten Hunger gut finden will, ja, dann finde ich den eben gut und lasse die Pfoten von Schokolade, Chips und anderen „Belohnungen" oder auch Saft, diesem Teufelszeug. Offenbar musste ich mir das nur mal klar machen und anfangen, selbstständig Entscheidungen zu treffen. Ich schaffte eigene Regeln, Do's und Don'ts, und hielt mich daran. Dass Durchhalten belohnt wird und die Durststrecken weniger werden, hatte ich bereits 1 Jahr zuvor gelernt, da hatte ich mit dem Rauchen aufgehört. Und, Leute, ich habe nicht so'n bisschen gepafft, nee, ich habe 70 Kippen am Tag inhaliert, also buchstäblich gequalmt wie ein Schornstein. Auch damals waren die ersten 3 Tage die schwersten, dann wurde es von Tag zu Tag besser. Heute bin ich über 13 Jahre Nichtraucher.

Dass du gerade dieses Buch in den Händen hältst, zeigt, dass du diesen Punkt längst hinter dir hast, du hast eine Entscheidung getroffen, suchst nach Lösungen. Überraschung! Es gibt für dich jetzt und hier erst mal nichts Großes mehr zu überwinden. Du musst nicht mehr anfangen, denn du hast dich gedanklich schon auf den Weg gemacht. Ich hatte eingangs von Selbstverwirklichung gesprochen – an dieser Stelle ist sie dir bereits passiert und nun lass uns gucken, was du aus meinen Erfahrungen für dich mitnehmen kannst. Suche dir raus, was dir hilft. Ich will dich nicht bekehren, ich erzähle einfach von mir und du nimmst mit, was zu dir passt und sich gut anfühlt. Vielleicht kann dich mein Weg inspirieren und dich in den nächsten Monaten und Jahren unterstützen, vielleicht endet dieses Buch als Möbelstütze. Wer weiß das schon. Was du hier in den Händen hältst, ist ein Weg unter unzähligen anderen, die zu einem gesünderen Leben führen können. Es ist mein Weg, ein an Familie und Alltag hart und ehrlich geprüfter Weg, der mich in 14 Monaten 50 kg leichter werden und Lebensqualität zurückgewinnen ließ, der später auch den einen oder anderen Fallstrick bereithielt, den ich aber immer beibehalten habe und zu dem ich dich einlade.

Durchhalten leicht gemacht

Bereits nach 3 Wochen ohne Zucker, Weißmehl, Alkohol und Zusatzstoffe im Essen sollten die ersten Hautunreinheiten abgeklungen sein und dein Körper erholt sich. Blut-, Cholesterin- und Purinwerte normalisieren sich, der Blutdruck sinkt. Hast du die ersten 30 Tage diszipliniert durchgehalten, kannst du dich bereits an besserer Beweglichkeit erfreuen. Selbst Menschen mit hohem Übergewicht können bei wenigen Kilo Gewichtsabnahme enorm an Vitalität zurückgewinnen. Man spürt förmlich, wie der Körper sich wieder bewegen will. Wer 10 Kilo abgenommen hat, schleppt einen halben Kasten Bier weniger mit sich rum. Und wer sich mal zehn Litertüten Milch auf einem Haufen ansieht, merkt ebenfalls, welches Volumen bereits verloren wurde. Körperfett bräuchte sogar noch mal deutlich mehr Platz. Vor allem Menschen, die zur Bildung inneren Bauchfetts, Viszeralfett heißt es korrekt, neigen, profitieren, wenn die Fette, die sich zwischen den Organen angesammelt haben, schrumpfen. Das schafft neue Beweglichkeit und Platz im eigenen Körper, die man schon nach 1 Woche gut spüren kann. Sitzen wird wieder bequemer, weil man sich selbst nicht mehr die Luft abdrückt. Ich habe mich damals gefreut wie ein Schneekönig, dass mir das Schuhezubinden leichter fiel, ach, was sage ich, das Bücken überhaupt war auf einmal weniger schweißtreibend. Das Viszeralfett gilt übrigens als das gefährlichste Körperfett und befeuert im Gegensatz zu Hüft- und Bauchspeck aktiv Entzündungsprozesse. Das Zeug wieder loszuwerden, ist ein enormer Gewinn für Lebensqualität und Gesundheit.

Bist du bis hierher gekommen, hast du in 30 Tagen enorm viel für dich erreicht, hast deine Lebensqualität verbessert, dein Gewicht reduziert, siehst vermutlich gesünder aus, aber bist es vor allem auch. Du bist zwar vielleicht noch nicht schlank, aber es geht dir besser als vor 30 Tagen. All diese positiven Veränderungen sollen nun dein Motor sein, ab jetzt machst du einfach genauso weiter.

An dieser Stelle noch ein Tipp, der mir sehr geholfen hat und für den ich hier ausdrücklich werben möchte. Nimm dir anfangs ein bisschen mehr Zeit für Planung und Kocherei und wenn du Familie hast, dann kocht und esst gemeinsam. Es gibt kaum eine andere Zeit am Tag, zu der alle zusammensitzen, in Ruhe miteinander reden, lachen und genießen können. Außerdem ist die Umstellung des Essens viel leichter zu bewerkstelligen, wenn die Familie mitzieht. Und gerade Kinder können so frühzeitig das Verständnis für gesundes Essen mit auf den Weg bekommen. Wir hatten, um vor allem unseren drei damals noch schulpflichtigen Kindern das vegane Essen schmackhafter zu machen, Mottotage eingeführt.

Montag war Pasta-Tag, der gute alte Nudelmontag, und Freitag hieß Fast Food Friday. Der Fast Food Friday war unser krönender

» Hast du die ersten 30 Tage diszipliniert durchgehalten, kannst du dich bereits an besserer Beweglichkeit erfreuen. «

Abschluss der Woche. Vor allem gab es Burger, Pizza und Wraps. Erlaubt war alles, was schmeckte und glücklich machte – frisch und pflanzlich, versteht sich. Dasselbe machten wir montags, nur eben mit allem, was die Pastafraktion so hergab. Und wir haben die Kinder, so oft es ging, zum Einkaufen mitgenommen. Das ist ungeheuer hilfreich, weil Selbstausgesuchtes und -gekauftes erwiesenermaßen besser schmeckt als Elternerworbenes, diese Regel gilt für alle Lebensmittel, auch für Obst und Gemüse. Wenn die Kids das Gemüse selbst gekauft haben, es unter eurer Anleitung schneiden und zubereiten können, lernen sie bei der Gelegenheit nicht nur, wie es geht, sondern werden es mit hoher Wahrscheinlichkeit auch interessiert verspeisen.

Schleife deine Kinder also mit zum Einkaufen, lasse sie selbst aussuchen, welches Obst und Gemüse sie am Abend essen wollen, beteilige sie an der Zubereitung und genießt gemeinsam. Dauert auch nicht viel länger, als auf den Lieferservice zu warten, und ist 100-prozentig besser. Apropos Zubereitungsdauer: Wenn du am Wochenende, vielleicht Sonntagnachmittag (der ist eh oft langweilig), schon mal Gerichte oder einzelne Zutaten für die kommende Woche vorbereitest, spart das enorm viel Zeit unter der Woche. Bei mir sieht das so aus, dass ich zum Beispiel Trockenschnetzel aus Soja oder Erbsen einweiche, mit ein paar Gewürzen und etwas Öl mariniere und dann in Aufbewahrungsboxen im Kühlschrank lagere. Das hält sich locker 1 Woche und kann ohne lange Vorbereitungszeit schnell in die Pfanne fliegen. Auch Zwiebeln, Paprika, Gurken und Kohlrabi schneide ich oft vor, mit der gleichen Aufbewahrungs- und Lagertechnik, so geht's ratzfatz mit dem frischen Salat oder der Gemüsepfanne. Aus nicht verbrauchten Kräutern und angefangenem Joghurt lassen sich dazu im Handumdrehen leckere Pestos und Dressings vorbereiten, die prima in Marmeladengläsern aufbewahrt werden können.

Salat lässt sich übrigens ebenfalls gut am Vorabend zubereiten, um ihn am nächsten Tag auf die Arbeit oder in die Schule mitzunehmen, du musst ihn nur gut verschlossen und kühl aufbewahren. Das Dressing nimmst du separat mit und gibst es erst dazu, wenn du den Salat essen willst – so bleibt er knackig und frisch.

Generell bin ich ein Freund von Planung und Vorbereitung. Bereitet man also das Abendessen in größerer Menge zu, hat man am kommenden Tag schon ein schönes Mittagessen. Oft werfe ich am Sonntagabend aber einfach alle Gemüsereste, Kräuter und sonstiges Übriggebliebenes in einen Topf und koche eine ordentliche Suppe oder einen Eintopf. So muss ich unter der Woche nicht mehr so viel tun und der Eintopf schmeckt sowieso nach jedem Aufwärmen immer noch eine Ecke besser. Die passenden Rezepte findest du im Buch oder du wirst selbst kreativ.

Die Fertigfutterfalle: Vegan allein reicht nicht.

Eine Facette veganer Ernährung habe ich bisher nur kurz angesprochen, ich nenne sie die Fertigfutterfalle. Hineingetappt bin ich 2019, als ich meine Baufirma verkaufte, weil ich mittlerweile von meiner veganen Kocherei im Internet, in Magazinen, auf Messen und im Fernsehen sowie dem Verkauf von Büchern leben konnte. Der vegane Markt entwickelte sich prächtig, überall waren Start-ups mit neuen veganen Ideen entstanden und einige von ihnen schickten mir ihre Produkte, damit ich sie in meinen Sendungen verwende. Die industrielle Produktion nahm Fahrt auf und jeden Monat bekam ich kiloweise vegane Fertigprodukte zugesandt, vom Käse über Sahne, Schnitzel, Burger und Pizza bis zu Schokolade. Ich probierte alle und viele waren sehr schmackhaft. Zwar kochte ich weiterhin mit frischen Zutaten, aber am Ende kam halt veganer Käse dran, ein Schuss Sahne und fertig war ich. Mit dieser Art zu kochen, wurde ich wieder 18 Kilo schwerer. Nach 5 Kilo glaubte ich noch, dass ich die schnell wieder los werde, doch daraus wurden im Urlaub 7, mit meiner ausufernden Nutzung von Fertigprodukten dann schnell die 18. Meine ersten Erklärungen dafür, dass die Hosen nicht mehr passten, hatten mehr mit „eindeutig zu heiß gewaschen" als mit mir zu tun, doch irgendwann kam ich um die gewichtigen Tatsachen nicht mehr herum und gestand mir ehrlich ein, dass ich doch deutlich zugelegt hatte. Also musste ich zum Anfang zurück, die ersten 30 Tage begannen von Neuem. Nach 3 oder 4 Tagen hatte ich die herausforderndste Zeit überstanden und nahm ab. Aber ich hatte etwas gelernt, was meine Kocherei erneut verändert hat. Von nun an verwendete ich Fertigprodukte nur noch sehr selten. Industrielle Fertignahrung, selbst wenn sie vegan ist, kein Tier dafür gestorben ist und sie ganz gut schmeckt, ist häufig auch bloß schlechtes Essen. Ich will diese Produkte keinesfalls verteufeln und freue mich grundsätzlich, dass sie den Markt bereichern, aber nutzen solltest du sie nur in Maßen. Ich besann mich also aufs Ursprüngliche und legte mir eine zweite Grundregel zu: Lebensmittel, die ich nutze, sollten so wenig wie möglich vorverarbeitet sein. Schließlich ist Kochen ein Handwerk und mit Handwerk kenne ich mich ein bisschen aus. Vielleicht ist die Rückbesinnung auf unverarbeitete Zutaten auch nichts anderes, als Natursteinpflaster zu setzen statt Asphalt zu gießen. Beim Natursteinpflaster kannst du einzelne Steine ersetzen, wenn mal was kaputt geht, wenn Asphalt gegossen wurde, bleibt immer eine sichtbare Fuge, wenn du ihn ausbesserst, und außerdem hält's nicht sehr lange. Ich entschied mich also für das Natursteinpflaster. Lauter spannende Rohmaterialien wollten mit anständigem Werkzeug zu solidem, ehrlichem Essen verarbeitet werden. Dazu braucht es keine Fertigprodukte mit Inhaltsstoffen, die keiner in ihrer Wirkung wirklich einschätzen kann.

Gesund kochen

Lebensmittel gesund und wertvoll zuzubereiten ist weder ein großes Geheimnis noch besonders kompliziert. Grundsätzlich sollte man sich immer vor Augen führen, dass bei der Zubereitung so viele Vitamine, Ballaststoffe, Mineralien etc. wie möglich erhalten bleiben sollten. Koche ich zum Beispiel einen Blumenkohl in Wasser, wie ich das von früher kenne, und schütte das Kochwasser im Anschluss weg, habe ich die wertvollen Inhaltsstoffe des Kohls gleich mit weggekippt.

Eine Möglichkeit wäre, das Kochwasser zu behalten und daraus eine leckere Suppe zuzubereiten. Die zweite Variante ist, den Blumenkohl zu dämpfen. Das geht auch ohne einen superteuren, großen Dampfgarer ganz leicht. Teile den Kohl dazu in Röschen, gib diese in einen Topf und bedecke den Boden mit etwa 1 cm Wasser. Bringe das Wasser zum Kochen, schalte die Hitze runter und dämpfe auf diese Weise den Kohl bei geschlossenem Deckel, bis er gar ist. Je nach Größe der Röschen dauert das zwischen 8 und 12 Minuten. Der Großteil an Vitaminen und Nährstoffen bleibt im Blumenkohl und der Kohl schmeckt darüber hinaus um Längen besser. Das funktioniert im Übrigen mit fast jedem x-beliebigen Gemüse. Das Backen im Ofen ist eine weitere schonende Zubereitung, die Vitamine und Nährstoffe während der Garzeit da lässt, wo sie hingehören – nämlich im Gemüse. Bereitest du zum Beispiel Kartoffeln im Ofen zu, verlieren sie nur geringe Mengen ihrer wertvollen Inhaltsstoffe. Eine ganz entscheidende Rolle dabei spielt die Schale, die sollte dran bleiben, das gilt auch für das Dämpfen oder Kochen von Kartoffeln, denn in der Schale steckt eine Menge Nährstoffe. Bereitet man die leckeren Knollen geschält zu – ganz gleich, ob gekocht, gebraten oder gebacken –, wird aus ihnen eine fast wertlose Beilage. Und auch das gilt nicht nur für Kartoffeln, sondern für alles Obst und Gemüse, dessen Schale essbar ist. Gut sind auch One-Pot-Gerichte, bei denen alles in einen Topf fliegt und gemeinsam gegart wird. Die verwendeten Zutaten verlassen den Kochtopf erst, wenn sie auf dem Teller landen. Das ist nicht nur sehr praktisch und zeitsparend, sondern auch eine Zubereitungsart, bei der kein Kochwasser verschwendet wird. Und wenn wir schon bei der Verschwendung wertvoller Inhalte sind, kommen wir gleich mal zum Grün, zu den Blättern oder dem Kraut, eben dem, was noch so am Gemüse hängt. Ich rede von den Blättern von Kohlrabi, Radieschen und Roter Bete oder dem Möhrengrün, das so oft bereits im Supermarkt abgetrennt und weggeworfen wird. In diesem vermeintlich unnützen Grünzeug stecken nicht nur ganz besondere Geschmäcker, sondern vor allem jede Menge Ballast- und Bitterstoffe sowie Vitamine, Mineralien und entzündungshemmende sekundäre Pflanzenstoffe. Aus den zarten Blättern knackiger Radieschen oder Roter Bete lassen sich schmackhafte Salate zubereiten oder man mischt sie einfach als interessante Note anderen Salaten bei. Festere Blätter wie von Kohlrabi und Blumenkohl kann man hervorragend braten und sie als Topping verschiedener Gerichte verwenden oder man kann sie

pürieren und in Smoothies verarbeiten. Auch die Rezeptpalette unterschiedlichster Pestos aus diversem Grün ist lang. Eines meiner Lieblingspestos ist aus dem Kraut der Möhren. Dazu mixe ich es mit Haselnüssen oder Mandeln, gutem Olivenöl, Knoblauch, Hefeflocken, Zitronensaft und etwas Salz glatt und hebe noch Cranberrys oder Ähnliches unter – der Kracher! Also künftig nicht mehr wegwerfen, sondern schauen, was sich daraus vielleicht zaubern lässt! Leichter kann man der Lebensmittelverschwendung gar nicht entgegentreten und spart zusätzlich Geld.

Bitte achte aber darauf, wenn es sich machen lässt, Biogemüse beziehungsweise regional angebautes Saisongemüse in Bioqualität zu kaufen. Beim Kochen spielt natürlich immer die Qualität des jeweiligen Grundprodukts eine große Rolle. Und kauft man saisonal wie regional, hat man schon die beste Voraussetzung, etwas Gutes zu bekommen. Ist es dann noch bio, umso besser. Wenn ich auf frische, gute Lebensmittel aus der Nachbarschaft zurückgreife, die gerade reif sind, seien es nun Radieschen, Spargel, Kartoffeln, Möhren oder Äpfel, ist das die halbe Miete. Warum? Der Geschmack eines in der Region traditionell angebauten Gemüses wie einer Tomate ist viel intensiver als der einer Tomate aus dem Gewächshaus. Eine frische Tomate oder auch eine Gurke braucht dann eigentlich nur noch eine kleine Prise Salz und Pfeffer, mitunter nicht mal das, und die Geschmacksknospen tanzen Tango vor Freude.

Da sind wir schon beim Salz beziehungsweise bei unserem abgestumpften Geschmack. In unserem Essen steckt heutzutage viel zu viel Salz, und zwar nicht nur in fertigen Produkten. Damit übertünchen wir nicht nur den guten Grundgeschmack eines frischen Lebensmittels, sondern fördern Bluthochdruck und das Risiko für Herz-Kreislauf-Erkrankungen.

Weniger ist hier auf jeden Fall mehr. In meinen Rezepten kommt Salz nur in geringem Maß zum Einsatz, was anfangs vermutlich etwas gewöhnungsbedürftig ist. Aber zum Body Reset gehört eben nicht nur, Körpergewicht loszuwerden, sondern auch ein Reset des Geschmacks. Was du anfangs vielleicht als zu wenig gewürzt empfindest, das schmeckt nach 2 Wochen Challenge total intensiv. Dein Geschmackssinn kommt zurück, du schmeckst wieder feine, unaufdringliche Nuancen.

Um weniger Salz zu sich zu nehmen, gibt es einen einfachen Trick: Du salzt dein Essen erst auf dem Teller. Nicht während des Koch- oder Bratvorgangs, sondern wirklich erst, wenn das Gericht vor dir steht. Hochwertiges Salz, schöne Salzflocken zum Beispiel, schmecken hervorragend und sehr intensiv, wenn man sie direkt auf der Zunge hat. Automatisch nimmst du weniger Salz. Außerdem ist Salz ja nicht der einzige Geschmacksbringer. Frische Kräuter, Sprossen oder Blüten, Nüsse, Kerne sowie Saaten eignen sich ebenfalls, um dem Essen eine runde, satte Würze zu verleihen.

Gerade mit Kräutern braucht man nicht zu sparen, sie machen das Essen nicht nur schmackhaft und ansehnlich, sie sind auch noch gesund. Und bei Kräutern gilt: Hier hilft viel auch tatsächlich viel. Streue Kräuter, Sprossen und Keimlinge über das fertige Gericht oder hebe sie erst kurz vor dem Servieren unter, dann bleiben sie knackig und geschmacksintensiv und behalten obendrein ihre saftige Farbe.

Zu guter Letzt noch ein paar Tipps und Tricks

KAUFE CLEVER EIN!

In meinen Rezepten findest du möglicherweise Produkte, die es noch nie in deinen Einkaufswagen geschafft haben oder von deren Essbarkeit du bislang nichts gewusst hast. Ich habe die auch über die Jahre erst kennen- und dann lieben gelernt. Geschälte Hanfsamen, Nussmuse, Konjaknudeln und Algen gehören beispielsweise dazu. Einige von ihnen scheinen auf den ersten Blick sehr teuer. Aber so ein 500-g-Glas Nussmus zum Beispiel, das auch mal mehr als 10 Euro kosten kann, ist gehaltvoll und geschmacksintensiv, sodass man damit gut einige Wochen auskommt, weil man bei der Zubereitung eben nur 1 oder 2 EL verwendet. Hier relativiert sich bereits die Ausgabe. Außerdem möchte ich an dieser Stelle einen Vergleich anbringen – nämlich den, dass man sich beim Kauf von Motoröl fürs Auto in der Regel für das hochwertigste, am liebsten noch vom Kfz-Meister des Vertrauens empfohlene entscheidet. Beim Essen ist dagegen oft Sparkurs angesagt, gern auch auf Kosten der Qualität. Ähm, merkste selber, ne?

Dennoch muss man es mit der preisintensiven Qualität nicht übertreiben. Bleiben wir beim Nussmus: Kaufe doch erst mal ein Mus nach dem anderen in kleinerer Abpackung und probiere dich durch. Du musst ja nicht gleich alle Sorten auf einmal erstehen, denn vermutlich geht dann wenigstens ein Drittel im Schrank zugrunde, ohne es jemals auf den Herd geschafft zu haben.

Größer einkaufen kannst du vieles, was du getrocknet lagern kannst. Hülsenfrüchte wie Bohnen, Kichererbsen, Linsen und Co. sind zudem bedeutend günstiger, wenn du sie im getrockneten Zustand kaufst und später selbst kochst – am Sonntagabend zum Beispiel als Vorbereitung für die darauffolgende Woche (siehe Kapitel 7). Großgebinde in guter Qualität bekommst du zu günstigen Preisen in diversen Onlineshops. Ich kaufe dort beispielsweise Hanfsamen und Getreideflocken sowie Öle und Essig. Gut aufbewahrt und gelagert in Gläsern oder dafür vorgesehenen Behältnissen halten sich diese Produkte über einen langen Zeitraum.

Es braucht ein bisschen Zeit, aber nach und nach entwickelst du ein Gefühl dafür, wie viel du kaufen musst, um sowohl deinen Geldbeutel zu schonen als auch der Lebensmittelverschwendung vorzubeugen. Besonders frische Produkte werden schnell gammelig und schlecht, die besorge am besten mehrmals in der Woche frisch. Und wenn doch mal wieder das Obst nicht aufgebraucht wurde, kannst du es immer noch rechtzeitig einfrieren, um daraus später leckere Smoothies, Fruchtschorlen oder Wassereis herzustellen. Gefrorene Weintrauben oder Erdbeeren sind übrigens richtig leckere Fruchteiswürfel. Wenn du dir abends deine Overnight Seeds (Rezept siehe Seite 52) vorbereitest, kannst du direkt das gefrorene Obst dafür verwenden.

Apropos gefrorenes Obst und Gemüse: Generell verarbeite ich am liebsten alles frisch, aber Gemüse wie unter anderem grüne Erbsen verwende ich stets gefroren, da mir die Arbeit, die kleinen Dinger auszupulen, viel zu viel ist. Außerdem lassen sie sich aus dem Gefrierbeutel einfach besser portionieren. Auch Obstsorten wie Mango, Ananas und Beeren kaufe ich gern gefroren, da ich oftmals nur kleine Mengen davon benötige, sie länger halten und günstiger im Preis sind. Und sie sind vorgeschnitten, das ist unschlagbar: So geht das Frühstück echt schnell und lecker ist es obendrein.

BEWEGE DICH!

Bevor es gleich zu den Rezepten geht, wäre da noch was: Ein ganz wichtiger Teil, um gesund zu bleiben, ist die Bewegung – wissen wir alle. Trotzdem bewegen sich die Menschen aktuell im Schnitt so wenig wie nie zuvor. Die Einkäufe werden mit dem Auto erledigt oder man lässt sie sich direkt bis an die Wohnungstür liefern. Statt Treppen zu laufen, nutzen wir Fahrstühle und Rolltreppen. Und die Palette der alltäglichen Bewegungen, die wir nicht mehr ausführen, wird größer. Fakt ist, dass die meisten von uns neben ungesunden Essgewohnheiten auch zu wenig Bewegung haben. Und ich meine nicht das Sporttreiben. Ich rede von der ganz normalen Bewegung im Alltag. Du glaubst gar nicht, wie positiv sich kleinere Einkäufe zu Fuß auf Körper und Geist auswirken! Man ist nicht nur an der frischen Luft in Bewegung, sondern trainiert gleichzeitig die Muskeln in Armen, Beinen, Bauch und Rücken. Wenn du zum nächsten Briefkasten willst, lass das Auto stehen und steig aufs Fahrrad oder laufe. Lass das mit den Fahrstühlen, nimm die Treppe – das dauert vielleicht etwas länger, aber billiger kannst du deine Beine nicht trainieren. Diese Kleinigkeiten sind zusammen viele Bewegungen, die die Pfunde purzeln lassen und zum Wohlbefinden beitragen. Wenn das gut funktioniert, kannst du überlegen, welcher Sportart du dich widmen könntest. Natürlich nur, wenn die in deinen Tagesablauf passt. Und wenn es kein Sport wird, dann mache ausgiebige Spaziergänge und schaue, wie du sie mit kleinen Erledigungen verbinden kannst. Ich zum Beispiel beginne den Tag mit einem 45-minütigen Spaziergang mit Buddys Nachfolger Apollo und absolviere danach ein Training mit kleinen Gewichten oder Gummibändern. Noch ein bisschen dehnen und ich bin fit für den Tag. Am frühen Abend gehe ich noch mal eine große Runde mit Apollo. Er freut sich darüber und ich mich auch. Wer jetzt denkt: „Der Alex scheint aber viel Zeit zu haben" – nee, nee, ich stehe morgens gegen 5 Uhr auf und beginne um 7 Uhr mit der Arbeit. Prioritäten setzen! Bewegung ist für mich ganz doll wichtig und ich habe sie fest in meinen Tagesablauf eingebaut. Nun hat natürlich nicht jeder einen Hund oder Energie oder Zeit dafür, am Morgen durch die Gegend zu hirschen. Aber gucke doch einfach mal, ob und wie sich Wege zu Fuß bewältigen lassen, wo Fahrstühle und Rolltreppen links liegen gelassen werden können oder welche Sportübungen du in den Tag integrieren kannst. Gehe zum Beispiel morgens zu Fuß zur Bahn oder in der Mittagspause kurz spazieren, vielleicht um Einkäufe zu erledigen, und mache ein paar Sportübungen deiner Wahl, bevor abends der Fernseher angeht. Es ist wie mit dem Umstellen der Essgewohnheiten: Hintern hoch und los geht's! Und dann nicht mehr aufhören. Mehr isses eigentlich gar nicht.

Nun geht's los. Ich habe mir richtig viel Mühe gegeben, um dich beim Body Reset oberlecker zu unterstützen. Die Rezepte sind der Übersichtlichkeit halber in vier Kategorien eingeteilt.

Liebe Grüße, Alex

So verlief die Challenge

So unterschiedlich meine 20 Challenge-Teilnehmer waren, so unterschiedlich war natürlich der jeweilige Verlauf. Alle waren aber hochmotiviert und diszipliniert und setzten den Rahmen der Challenge sowie meine Tipps und Tricks erfolgreich um. Die ersten 3 Tage waren, wie anfänglich beschrieben, für alle die schwersten. Sie wurden von leichten Hungergefühlen, Heißhungerattacken oder sogar mal einem Wadenkrampf oder Verstopfung begleitet, die aber bei nahezu allen nach 3 Tagen wegfielen. Jeder fand seinen Ausweg aus diesen Situationen: Der eine ging spazieren, die andere trieb Sport oder putzte die Wohnung mal wieder richtig durch oder nahm gegen einen beginnenden Krampf eine Magnesium-Brausetablette.

Kulinarisch waren durchweg alle begeistert und erstaunt, dass die pflanzliche Küche selbst im Modus der Gewichtsreduktion so verdammt lecker ist – auch wenn für den einen oder anderen das Beschaffen der einzelnen Zutaten nicht ganz so einfach war. Doch auch hier wurde schnell abgespeichert, in welchem Supermarktregal sich die „neuen" Zutaten befinden. Die Laune und vor allem die Energie weiterzumachen stieg nach den ersten 7 Tagen, als sie sich das erste Mal gewogen haben und die Waage die verlorenen Kilos bestätigte, was die bereits leicht hängenden Hosen schon vermuten ließen. Danach wurde mit noch mehr Freude die Treppe statt Fahrstuhl genommen, das Kochen bereitete noch mehr Spaß und es wurden selbst neue Gerichte kreiert. Fast ausnahmslos gab es keinen Heißhunger mehr auf Süßes und Co.

Okay, die Challenge war im Juni und so fiel es gerade dem Bier- oder Weintrinker schon mal schwer, bei bestem Wetter auf diese Getränke zu verzichten, aber die bis dahin erzielten Ergebnisse ließen alle eisern am Ball bleiben. Ich bin furchtbar stolz auf alle meine lieben Challenger, denn jeder hat die 4 Wochen mit seinen eigenen Aufs und Abs erfolgreich gemeistert und somit für sich den Einstieg in ein gesünderes Leben geebnet.

» Besonders hervorzuheben ist bei Markus der Langzeitzuckerwert. Vor der Challenge hatte er die Werte eines Diabetikers. Nach der Challenge sind seine Werte im Normbereich. «

MARKUS

Alter: 53 Jahre
Startgewicht: 122,5 kg
Größe: 189 cm
Bisherige Ernährungsform: viel Fleisch

Abnehmerfolg: –11,3 kg

Fazit: Die Challenge hat mich sowohl physisch als auch psychisch wieder gaaanz nach vorn gebracht. Hätte mir vorher jemand gesagt, was gesunde Ernährung mit den Blutwerten macht, hätte ich ihn für blöd gehalten. Zu den Anfangswerten möchte ich nie wieder kommen!

Mein Fazit:

1. Vegan ist kein Gift und schmeckt sogar.
2. Erstaunlich, wie schnell der Körper auf gesunde Ernährung reagiert.
3. Ich fühle mich so fit und vital wie schon lange nicht mehr.

Persönliche Beurteilung einzelner Symptome vor und nach der Challenge

BESCHWERDEN	KEINE PROBLEME	SEHR SELTEN	AB UND ZU	OFT	TÄGLICH
Schlafstörungen		**X** X			
Übergewicht			**X**	X	
Beweglichkeit			**X**	X	
Heißhungerattacken		**X**	X		
Gelenkschmerzen		**X**		X	
Arthrose	**X**	X			
Rückenschmerzen	**X**	X			
Bauchschmerzen	**X** X				
Verdauungsstörungen	**X** X				
Hautbild		**X**	X		
Bluthochdruck		**X**			X
Depressive Verstimmungen	**X** X				
Kopfschmerzen/Migräneanfälle	X		**X**		
Müdigkeit		**X**	X		
Wohlbefinden	**X**		X		
Leistungsfähigkeit		**X**	X		

X = vor der Challenge **X** = nach der Challenge

» Besonders hervorzuheben ist bei Barbara ihr Cholesterinwert. Von schlecht zu sehr gut: Innerhalb von 4 Wochen hat sie es geschafft, ihren Wert um 63 mg/dl zu senken. «

BARBARA

Alter: 47 Jahre
Größe: 163 cm
Bisherige Ernährungsform: Ich esse, was auf den Tisch kommt.
Zielgewicht nach 30 Tagen: –10 kg

Fazit: Ein guter und gesunder Start mit einem ganzheitlichen Konzept zum Abnehmen. Meine Blutwerte und mein Wohlbefinden haben sich schnell ins Positive verändert. Und meine Gürtel kann ich stolze vier Löcher enger schnallen.

Abnehmerfolg: –10,7 kg

Persönliche Beurteilung einzelner Symptome vor und nach der Challenge

BESCHWERDEN	KEINE PROBLEME	SEHR SELTEN	AB UND ZU	OFT	TÄGLICH
Schlafstörungen	**X**		X		
Übergewicht		**X**			X
Beweglichkeit		**X**		X	
Heißhungerattacken		**X**		X	
Gelenkschmerzen	**X**		X		
Arthrose	**X** X				
Rückenschmerzen		**X**		X	
Bauchschmerzen	**X**		X		
Verdauungsstörungen	**X**		X		
Hautbild	**X**	X			
Bluthochdruck	**X**	X			
Verstimmungen	**X**		X		
Kopfschmerzen/Migräneanfälle		**X** X			
Müdigkeit		**X**		X	
Wohlbefinden	**X**		X		
Leistungsfähigkeit	**X**		X		

X = vor der Challenge **X** = nach der Challenge

» Alle Werte von Thomas haben sich deutlich verbessert. Bei ihm sind besonders die Leberwerte hervorzuheben: eine wirklich enorme Verbesserung von bis zu 70 %. «

THOMAS

Alter: 43 Jahre
Startgewicht: 121 kg
Größe: 178 cm
Bisherige Ernährungsform: flexitarisch
Zielgewicht nach 30 Tagen: –5 kg

Abnehmerfolg: –10,5 kg

Fazit: Aller Anfang ist schwer. Der erste Einkauf war eine echte Herausforderung. Im Nachhinein lache ich über diesen Tag. Das Kochen nimmt immer noch Zeit in Anspruch, aber all das hat sich gelohnt und tut es weiterhin. Mein Körpergefühl hat sich verbessert, ich schlafe besser und bin nicht mehr so müde, ich bin viel fitter und agiler und alle meine Blutwerte sind jetzt im Normalbereich. Mittlerweile sind sogar 16,5 kg runter und ich mache weiter! Die fehlenden Kilos machen sich bei der Arbeit sehr bemerkbar.

Persönliche Beurteilung einzelner Symptome vor und nach der Challenge

BESCHWERDEN	KEINE PROBLEME	SEHR SELTEN	AB UND ZU	OFT	TÄGLICH
Schlafstörungen		**X**	X		
Übergewicht					**X** X
Beweglichkeit		**X** X			
Heißhungerattacken	**X**		X		
Gelenkschmerzen	**X**	X			
Arthrose	**X** X				
Rückenschmerzen	**X**		X		
Bauchschmerzen	**X** X				
Verdauungsstörungen	**X** X				
Hautbild	**X** X				
Bluthochdruck	**X**		X		
Depressive Verstimmungen	**X**		X		
Kopfschmerzen/Migräneanfälle	**X**	X			
Müdigkeit		**X**		X	
Wohlbefinden	**X**		X		
Leistungsfähigkeit		**X**	X		

X = vor der Challenge **X** = nach der Challenge

» Alle Werte von Sascha haben sich deutlich verbessert. Besonders seine Leberwerte: Die haben sich zum Teil halbiert. Selbst die Ärztin war nach der Blutabnahme verwundert, was in 4 Wochen machbar ist. «

SASCHA

Alter: 36 Jahre
Startgewicht: 98 kg
Größe: 182 cm
Bisherige Ernährungsform: flexitarisch
Zielgewicht nach 30 Tagen: –10 kg

Abnehmerfolg: –10 kg

Fazit: Ziel erreicht! Ich wollte zwischen 10 und 12 kg abnehmen, aber hatte nie gedacht, dass das möglich ist. Jetzt ist mein Ziel, mich weiter gesund zu ernähren, mein Gewicht zu halten und fit zu bleiben. Durch die Gewichtsabnahme hat sich mein Wohlbefinden verbessert und ich schlafe besser. Die Rezepte bilden eine gesunde und abwechslungsreiche Grundlage zum Abnehmen und für eine gesündere Ernährung.

O-Ton: Ich war einfach sehr überrascht, wie effektiv die Challenge ist.

Persönliche Beurteilung einzelner Symptome vor und nach der Challenge

BESCHWERDEN	KEINE PROBLEME	SEHR SELTEN	AB UND ZU	OFT	TÄGLICH
Schlafstörungen	**X**	X			
Übergewicht			**X**		X
Beweglichkeit		**X** X			
Heißhungerattacken			**X** X		
Gelenkschmerzen		**X** X			
Arthrose	**X** X				
Rückenschmerzen		**X** X			
Bauchschmerzen	**X** X				
Verdauungsstörungen	**X** X				
Hautbild	**X** X				
Bluthochdruck	**X** X				
Depressive Verstimmungen	**X** X				
Kopfschmerzen/Migräneanfälle		**X** X			
Müdigkeit		**X** X			
Wohlbefinden		**X**	X		
Leistungsfähigkeit		**X**		X	

X = vor der Challenge **X** = nach der Challenge

» Alle Werte haben sich bei Ivonne verbessert. Hervorzuheben ist bei ihr besonders ihr Harnsäurewert, der sich von einem normalen zu einem sehr guten Wert entwickelt hat. «

IVONNE

Alter: 38 Jahre
Startgewicht: 89 kg
Größe: 164 cm
Bisherige Ernährungsform: Ich esse, was auf den Tisch kommt.
Zielgewicht nach 30 Tagen : –4 kg

Abnehmerfolg: –9,8 kg

Fazit: Insgesamt durften in den vergangenen 4 Wochen 9,8 kg gehen. Ich fühle mich viel besser, ausgeglichener und wohler in meiner Haut. Mein Schlaf ist besser, Kreislauf und Blutzucker sind viel stabiler und mein Sodbrennen ist weg. Der extreme Süßhunger ist verschwunden. Das alles hätte ich vorher nicht für möglich gehalten. Ich bin so froh, dass ich für die Challenge ausgewählt wurde. Sie hat mein Leben sehr zum Positiven verändert.

O-Ton: Sehr effektiv mit klasse Ergebnissen, wenn man es wirklich will!

Persönliche Beurteilung einzelner Symptome vor und nach der Challenge

BESCHWERDEN	KEINE PROBLEME	SEHR SELTEN	AB UND ZU	OFT	TÄGLICH
Schlafstörungen			**X**	X	
Übergewicht					**X** X
Beweglichkeit			**X** X		
Heißhungerattacken	**X**			X	
Gelenkschmerzen		**X** X			
Arthrose	**X** X				
Rückenschmerzen	**X**	X			
Bauchschmerzen		**X**		X	
Verdauungsstörungen		**X**		X	
Hautbild	**X**			X	
Bluthochdruck	**X** X				
Depressive Verstimmungen		**X**		X	
Kopfschmerzen/Migräneanfälle		**X**	X		
Müdigkeit		**X**		X	
Wohlbefinden	**X**			X	
Leistungsfähigkeit	**X**			X	

X = vor der Challenge **X** = nach der Challenge

» Sabrinas Cholesterinwert ist innerhalb von 4 Wochen um knapp 20 % gesunken. Ihre Langzeitblutzuckerwerte sind von Prädiabetes zurück auf Normalwerte. Ebenfalls signifikant ist der für sie sehr wichtige Harnsäurewert. «

SABRINA

Alter: 34 Jahre
Startgewicht: 100 kg
Größe: 168 cm
Bisherige Ernährungsform: flexitarisch
Zielgewicht nach 30 Tagen: –5 kg

Abnehmerfolg: –7,3 kg

Fazit: Meine körperliche Fitness hat sich deutlich verbessert. Ab Tag 4 hatte ich keine schmerzenden Gelenke mehr und war seltener müde. Ich fühle mich wieder mit meinem Körper verbunden. Meine Erwartungen wurden übertroffen: Ich hätte nie damit gerechnet, so schnell positive Effekte zu spüren. Könnte Luftsprünge machen. Was für eine positive Sache das ist! Ich habe ja schon viel probiert, aber dass es so unkompliziert, gesund und gut sein kann – Wahnsinn! Wenn ich mich im Spiegel sehe, denke ich: „Ich bekomme mein Gesicht wieder zurück."

Persönliche Beurteilung einzelner Symptome vor und nach der Challenge

BESCHWERDEN	KEINE PROBLEME	SEHR SELTEN	AB UND ZU	OFT	TÄGLICH
Schlafstörungen	**X**		X		
Übergewicht					**X** X
Beweglichkeit		**X**		X	
Heißhungerattacken		**X**		X	
Gelenkschmerzen		**X**		X	
Arthrose	**X** X				
Rückenschmerzen		**X**		X	
Bauchschmerzen	**X**			X	
Verdauungsstörungen	**X**				X
Hautbild	**X**		X		
Bluthochdruck	**X** X				
Depressive Verstimmungen		**X** X			
Kopfschmerzen/Migräneanfälle		**X**		X	
Müdigkeit	**X**		X		
Wohlbefinden	**X**				X
Leistungsfähigkeit	**X**			X	

X = vor der Challenge **X** = nach der Challenge

Empfehlung für den optimalen Einstieg:
Woche 1: 40–60 g Kohlenhydrate/Tag
Ab Woche 2: 60–100 g Kohlenhydrate/Tag

Beispiel-Wochenpläne

WOCHE 1	Frühstück	Mittagessen	Snacks optional	Abendessen	KH insg.
Wochenplan 40–60 g Kohlenhydrate/Tag					
Montag	Tapenade auf Salatgurke (S. 72, KH 15)	Sellerie-Tofu-Pfanne (S. 139, KH 26)	Rauchige Saaten-Cracker (S. 187, KH 1)	2 × LC-Brot mit Hüttenkäse (S. 67 + 68, KH 14)	55–56
Dienstag	Vanille-Chiapudding mit Erdbeergranita (S. 51, KH 11)	Rote-Bete-Wrap mit würziger Füllung (S. 144, KH 20)		Portobello-Burger mit Tempeh (S. 152, KH 24)	55
Mittwoch	2 × LC-Brot mit Hüttenkäse (S. 67 + 68, KH 14)	Konjaknudel-Gurken-Salat (S. 103, KH 11)		Bissige Tomatensuppe (S. 119, KH 35)	60
Donnerstag	Frühstückscreme Kaffee-Style (S. 48, KH 22)	Bunter Thai-Salat (S. 107, KH 27)	Rauchige Saaten-Cracker (S. 187, KH 1)	Caprese mit Mandelmozzarella (S. 80, KH 7)	56–57
Freitag	Overnight Seeds mit Feigenjoghurt (S. 52, KH 23)	Süßsaure Blumenkohlcremesuppe (S. 151, KH 22)		Konjaknudel-Gurken-Salat (S. 103, KH 11)	56
Samstag	2 × LC-Brot mit Hüttenkäse (S. 67 + 68, KH 14)	Orientalische Bowl (S. 99, KH 18)	Granola-Bissen (S. 171, KH 7)	Romanesco-Curry mit Pak Choi (S. 116, KH 13)	45–52
Sonntag	2 × LC-Brot mit Gurke-Hanf-Aufstrich (S. 67 + 68, KH 12)	Rahmgeschnetzeltes (S. 127, KH 18)	Kirsche-Apfel-Snackbällchen (S. 180, KH 8)	Rote-Bete-Wrap mit würziger Füllung (S. 144, KH 20)	50–58

WOCHE 2	Frühstück	Mittagessen	Snacks optional	Abendessen	KH insg.
Wochenplan 60–100 g Kohlenhydrate/Tag					
Montag	Quinoa-Frühstücksbowl (S. 63, KH 35)	Bowl mit Ofengemüse (S. 104, KH 33)	Pausenkracher mit Schoko (S. 179, KH 15)	2 × LC-Brot mit Gurke-Hanf-Aufstrich (S. 67 + 68, KH 12)	80–95
Dienstag	Overnight Seeds Schoko-Variante (S. 52, KH 25)	Rotkrautsalat mit Kichererbsen (S. 111, KH 21)	Apfel-Zimt-Snackbällchen (S. 180, KH 8)	Rosenkohl-Kürbis-Gratin (S. 156, KH 45)	91–99
Mittwoch	2 × LC-Brot mit Gurke-Hanf-Aufstrich (S. 67 + 68, KH 12)	Gemüsebowl mit Hirse (S. 95, KH 39)	Granola-Bissen (S. 171, KH 7)	Gyros-Teller mit Zaziki (S. 159, KH 40)	91–98
Donnerstag	Frische Champignonpfanne (S. 75, KH 23)	Feuriger Melonen-Erdbeer-Salat (S. 92, KH 28)	Apfel-Zimt-Snackbällchen (S. 180, KH 8)	2 × LC-Brot mit Hüttenkäse (S. 67 + 68, KH 14)	65–73
Freitag	Schoko-Porridge (S. 55, KH 31)	Konjaknudel-Gurken-Salat (S. 103, KH 11)	Rauchige Saaten-Cracker (S. 187, KH 1)	Apfel-Walnuss-Pizza mit Oliven (S. 120, KH 51)	93–94
Samstag	Old Venglish Breakfast (S. 79, KH 28)	Blumenkohlbuletten auf Sauerkraut (S. 123, KH 36)	Bananen-Haselnuss-Shake (S. 175, KH 23)	Caprese mit Mandelmozzarella (S. 80, KH 7)	71–94
Sonntag	Tapenade auf Salatgurke (S. 72, KH 15)	Wirsingrouladen mit Tomatensalat (S. 128, KH 34)	„Italo“-Bars (S. 184, KH 9)	Tex-Mex-Salat auf Kichererbsenfladen (S. 84, KH 42)	91–100

Vitamix

Starker Start, gesundes Frühstück

Bereits mit der ersten Mahlzeit am Tag zeigst du deinem Körper, in welche Richtung es geht, und zwar am besten immer mit voller Kraft voraus. Die Richtung heißt „körperliche und geistige Vitalität" – und das funktioniert nur mit hochwertigem Treibstoff, der hier in traumhaft leckeren Rezepten steckt.

Frühstückscreme Kaffee-Style mit frischen Beeren

Zubereitungszeit
5 Minuten

Für 2 Portionen
200 g gemischte Beeren
1 Stängel Minze
1 kleine reife Banane
400 g Sojaquark Natur
60 g Mandelkerne
12 g Instant-Getreidekaffee
1 ½ EL Kakaopulver
Saft von 1 Limette

Die **Beeren** abbrausen und abtropfen lassen. Die **Minze** waschen, trocken schütteln und die Blätter abzupfen. • Die **Banane** schälen und mit **Quark, Mandeln, Kaffee-** und **Kakaopulver** im Standmixer zu einer glatten Creme verarbeiten. (Alternativ den Stabmixer verwenden.) • Die Beeren in eine Schüssel geben und mit **Limettensaft** beträufeln. Zwei Minzeblätter beiseitelegen, restliche Blätter fein hacken und unter die Beeren heben. • Die Creme auf zwei Schalen verteilen, mit den Beeren toppen und mit Minze garnieren.

Statt Mandeln passen auch andere Nüsse sehr gut. Die Beeren kannst du durch beliebige Früchte ersetzen. Die Creme lässt sich super vorbereiten, denn sie hält sich gut verschlossen 3–4 Tage im Kühlschrank. Also perfekt zum Mitnehmen für die Arbeit oder Schule.

Nährwerte pro Portion: 433 kcal – KH 22 g, F 24 g, B 6 g, EW 21 g

Vanille-Chiapudding mit Erdbeergranita

Zubereitungszeit
10 Minuten plus
ca. 8 Stunden Ruhen

Für 2 Portionen

Für den Chiapudding

400 g Sojadrink Natur
40 g Chiasamen
¼ TL gemahlene Vanille
1 TL Agavendicksaft

Für die Granita

1 Stängel Minze
120 g gefrorene Erdbeeren
Saft von 1 Limette
20 g Kokosraspel

Für den Chiapudding **Sojadrink, Chiasamen, Vanille** und **Agavendicksaft** in eine Schüssel geben, mit dem Schneebesen gut durchrühren, abdecken und etwa 8 Stunden (am besten über Nacht) in den Kühlschrank stellen. Wenn möglich, nach 30 Minuten sowie nach 1 ½ Stunden noch mal durchrühren. • Kurz vor dem Servieren für die Granita die **Minze** waschen, trocken schütteln, die Blätter abzupfen und zwei davon zum Garnieren beiseitelegen. Restliche Minze, gefrorene **Erdbeeren** und **Limettensaft** im Standmixer grob zu einer stückigen Eismischung verarbeiten. (Alternativ den Stabmixer verwenden.) • Den Chiapudding noch mal durchrühren, auf zwei Schalen oder Gläser aufteilen und mit Granita sowie **Kokosraspeln** toppen. Mit den beiseitegelegten Minzeblättern garnieren und sofort genießen.

VARIANTE **Schoko-Chiapudding**

Zu einem Schokopudding verwandelst du dieses Rezept, indem 1 EL Kakaopulver mit in die Sojadrinkmischung gerührt wird. Das Vanillepulver kann ruhig enthalten bleiben.

Nährwerte pro Portion: 279 kcal – KH 13 g, F 18 g, B 11 g, EW 13 g

TIPP

Ich bereite den Chiapudding gleich nach dem Abendbrot zu, sodass ich ihn entspannt noch zweimal durchrühren kann. Durch das eiskalte Topping passt dieses Rezept perfekt in die heiße Jahreszeit. Die Beeren können ganz entspannt durch beliebige andere Sorten ersetzt werden. Statt Kokosraspeln kannst du Kakaonibs oder etwas gehackte Bitterschokolade (mindestens 85 % Kakaoanteil) nehmen.

Nährwerte pro Portion: 273 kcal – KH 11 g, F 17 g, B 10 g, EW 13 g

Overnight Seeds mit Feigenjoghurt und Brombeeren

Zubereitungszeit
10 Minuten plus
Ruhen über Nacht

Für 2 Portionen
2 Stängel Minze
2 kleine frische Feigen
250 g frische oder TK-Brombeeren
400 g Sojajoghurt Natur
100 g Sojadrink Natur
¼ TL gemahlene Vanille
2 Spritzer Zitronensaft
60 g geschälte Hanfsamen
20 g Chiasamen
30 g Sesamsaat
1 ½ EL braunes oder weißes Mandelmus

Die **Minze** waschen, trocken schütteln und die Blätter abzupfen. **Feigen** waschen und ungeschält vierteln. Frische **Brombeeren** abbrausen und abtropfen lassen (TK-Beeren kann man gefroren verwenden). • Minze und Feigen in den Standmixer geben, **Sojajoghurt, Sojadrink, Vanille** und **Zitronensaft** hinzufügen und zu einer glatten Masse pürieren. (Alternativ den Stabmixer verwenden.) • In eine Schüssel geben, **Hanfsamen, Chiasamen, Sesam** und Brombeeren hinzufügen, vermischen und auf zwei Schalen oder Schraubgläser verteilen. Das **Mandelmus** in kleinen Klecksen darübergeben und gut verschlossen über Nacht im Kühlschrank ruhen lassen. • Am kommenden Tag zum Frühstück (oder auch zum Mittag) genießen. Eignet sich wunderbar zum Mitnehmen.

SCHOKO-VARIANTE

Zitronensaft und Minze einfach weglassen, dafür 1 TL Kakaopulver pro Portion zur Joghurtmischung geben und mitmixen. Alles andere bleibt gleich.

Nährwerte pro Portion: 547 kcal – KH 25 g, F 25 g, B 13 g, EW 21 g

TIPP

Man kann gleich die doppelte Menge vorbereiten, da sich die Overnight Seeds gut verschlossen im Kühlschrank bis zum übernächsten Tag halten. Variiere ruhig mit den verschiedensten Beeren und Obstsorten sowie anderen veganen Joghurtsorten. Ich greife bei diesem Rezept gern auf gefrorene Beeren zurück, da frische Beeren nur kurz Saison haben und sich TK-Beeren auch super portionieren lassen.

Nährwerte pro Portion: 542 kcal – KH 23 g, F 24 g, B 13 g, EW 20 g

Schoko-Porridge mit Apfel, Himbeeren und gerösteten Walnüssen

Zubereitungszeit
15 Minuten plus mind. 10 Minuten Quellen

Für 2 Portionen
30 g Walnusskerne
2 kleine Äpfel (Sorte nach Belieben)
1 mittelgroße reife Banane
1 TL Kokosöl
260 g Sojadrink Natur
1 ½ EL Kakaopulver
1 Prise Salz
60 g geschälte Hanfsamen
30 g gemahlene Haselnusskerne
15 g geschrotete Leinsamen
80 g Himbeeren
1 Stängel Zitronenmelisse

Die **Walnusskerne** grob hacken und in einem kleinen Topf ohne Fett goldgelb anrösten. Herausnehmen und beiseitestellen. • Inzwischen die **Äpfel** waschen, nach Belieben entkernen und klein würfeln. Die **Banane** schälen und in Scheiben schneiden. • Das **Kokosöl** in den Topf geben, in dem die Walnüsse geröstet wurden, und erhitzen. Äpfel und Bananen darin etwa 2 Minuten scharf anbraten. • Den **Sojadrink** angießen, **Kakao** und **Salz** einrühren und kurz aufkochen lassen. **Hanfsamen, Haselnüsse** sowie **Leinsamen** unterheben und vom Herd nehmen. Den Deckel auflegen und mindestens 10 Minuten quellen lassen. • In der Zwischenzeit die **Himbeeren** abbrausen und abtropfen lassen. Die **Zitronenmelisse** abbrausen, trocken schütteln und die Blätter abzupfen. • Das Porridge in zwei Müslischalen füllen, die Himbeeren darauf anrichten, mit den Walnüssen bestreuen und mit Zitronenmelisse garnieren.

VARIANTE Zimt-Vanille-Porridge
Den Kakao weglassen und stattdessen ¼ TL gemahlenen Zimt und ¼ TL gemahlene Vanille in die Sojadrinkmischung rühren.

TIPP

Das ist mein unangefochtenes Lieblingsfrühstück. Je nach Lust und Laune tausche ich den Apfel gegen eine Birne oder die Himbeeren gegen Brom- oder Blaubeeren etc. aus. Auch geröstete Sonnenblumen- oder Kürbiskerne on top sind superlecker und gesund. Ich selbst entferne im Übrigen das Kerngehäuse von Apfel oder Birne nicht, lediglich Stiel und Blütenansatz. Das Kerngehäuse inklusive der Kerne ist nämlich sehr gesund, in ihm stecken unter anderem viele sekundäre Pflanzenstoffe.

Nährwerte pro Portion: 571 kcal – KH 31 g, F 30 g, B 14 g, EW 14 g

Smoothie Bowl „Green Coconut“

Zubereitungszeit
ca. 10 Minuten

Für 2 Portionen
100 g Babyspinat
200 g frisches Ananas-fruchtfleisch (alternativ TK-Ananas)
300 g Kokosjoghurt
300 g Kokoswasser
2 Kiwis
10 g Kokosflocken
20 g Chiasamen

Den **Babyspinat** waschen und abtropfen lassen. Das **Ananasfruchtfleisch** klein schneiden. (TK-Ananas kann gefroren verwendet werden.) • Spinat, Ananas, **Joghurt** und **Kokoswasser** im Standmixer zu einem Smoothie mixen und in zwei Bowls füllen. (Alternativ einen leistungsstarken Stabmixer verwenden.) • Die **Kiwis** schälen, in Scheiben schneiden und auf den Bowls anrichten. Mit **Kokosflocken** und **Chiasamen** toppen.

VARIANTE **„Red Coconut“**
Für diese leckere Variante den Spinat gegen vier Stängel Basilikum austauschen und statt Ananas die gleiche Menge TK-Sauerkirschen verwenden. 1 Msp. gemahlene Vanille gibt dem Ganzen eine besonders feine Note.
Nährwerte pro Portion: 302 kcal – KH 25 g, F 19 g, B 11 g, EW 5 g

Als Snack für zwischendurch ganz einfach die Toppings weglassen, den Smoothie direkt in Gläser füllen und als Getränk genießen.

Nährwerte pro Portion: 301 kcal – KH 27 g, F 19 g, B 11 g, EW 5 g

Lovely Pancakes mit Walnuss-Schoko-Creme und Früchten

Zubereitungszeit
25 Minuten

Für 2 Portionen
(ergibt 4 Pancakes)

Für den Teig

75 g Dinkelmehl (Type 630)
½ TL Backpulver
2 Msp. gemahlene Vanille (alternativ Mark von ¼ Vanilleschote)
1 Prise Salz
60 g Sojadrink Natur
80 g Kokosjoghurt Natur (alternativ Sojajoghurt Natur)
1 Schuss kohlensäurehaltiges Mineralwasser
1 EL Agavendicksaft
20 g Sonnenblumenöl

Für den Belag

100 g Beeren (z. B. Erdbeeren, Brombeeren, Himbeeren)
1 Kiwi
12 Physalis
30 g Walnuss-Schoko-Creme (siehe Seite 64)

Für den Teig **Dinkelmehl, Backpulver, Vanille** und **Salz** in eine Schüssel geben und mischen. • **Sojadrink, Joghurt, Mineralwasser** und **Agavendicksaft** in einer anderen Schüssel glatt rühren, langsam zur Mehlmischung geben und mit einem Schneebesen zu einem glatten, klumpenfreien Teig verrühren. Beiseitestellen. • Für den Belag die **Beeren** waschen und abtropfen lassen. Die **Kiwi** schälen und in Spalten oder Scheiben schneiden. Die Hüllblätter der **Physalis** öffnen, nach hinten ziehen und verdrehen, die Früchte waschen. • Ein Viertel des **Öls** in einer beschichteten Pfanne erhitzen, mit einer Kelle ein Viertel des Pancaketeigs hineingeben, etwas glatt streichen und bei mittlerer Hitze langsam ausbacken. Wenn der Rand sich bräunlich färbt und die Oberfläche leichte Blasen wirft, den Pancake vorsichtig wenden und 1–2 Minuten von der anderen Seite backen. Aus der Pfanne nehmen und auf die gleiche Weise drei weitere Pancakes ausbacken. • Die Pancakes auf zwei Teller geben, mit der **Walnuss-Schoko-Creme** bestreichen und die Früchte darauf anrichten.

Nährwerte pro Stück: 168 kcal – KH 21 g, F 7 g, B 2 g, EW 4 g

Granola – mein Grundrezept

Zubereitungszeit
10 Minuten plus ca.
40 Minuten Backen

Ergibt ca. 750 g
(25 Portionen à 30 g)
300 g zarte Haferflocken
70 g Sesamsaat
100 g Haselnusskerne
100 g Walnusskerne
70 g Kürbiskerne
50 g Kokosöl (alternativ Sonnenblumenöl)
60 g Ahornsirup

Den Backofen auf 180 °C Ober-/Unterhitze vorheizen. • **Haferflocken, Sesam, Haselnüsse, Walnüsse** und **Kürbiskerne** in einer Schüssel mischen. • Das **Kokosöl** etwas erwärmen und über die Haferflockenmischung träufeln. **Ahornsirup** und 100 ml Wasser hinzugeben und gut durchmischen, bis eine leicht klebrige Masse entsteht. Nach Bedarf noch etwas Wasser einarbeiten. • Die Masse auf einem mit Backpapier ausgelegten Backblech verteilen, in den vorgeheizten Ofen schieben und etwa 40 Minuten backen, dabei nach etwa 20 Minuten einmal durchmengen. • Herausnehmen, vollständig auskühlen lassen und das Granola in einer luftdicht verschließbaren Dose aufbewahren. So hält es sich locker 3 Wochen frisch und knusprig.

VARIATIONEN

Tausche die angegebenen Nüsse und Saaten gegen andere aus, zum Beispiel gegen Mandeln, Erdnüsse, Macadamianüsse, Leinsamen oder Sonnenblumenkerne. Du kannst auch getrocknetes Obst wie Bananenchips, Apfelringe oder Rosinen unter das fertige Granola mischen. Amaranthpops sorgen für mehr Fülle und Chiliflocken, frisch geriebener Ingwer oder Cayennepfeffer für Schärfe. Eine Cayennepfeffer-Variante macht sich besonders gut auf Kürbis-, Linsen- oder Kartoffelcremesuppen.

TIPP

Granola verleiht deinen verschiedenen Frühstücksvariationen (zum Beispiel Porridge, Obstsalat, Smoothie Bowls oder veganer Joghurt mit Beeren) einen ganz besonders leckeren Crunch. Ich empfehle Granola ausdrücklich nicht als Frühstücksgrundlage, sondern wirklich als Topping. Eine Portion sollte maximal 30 g groß sein. Und sollte der Heißhunger auf etwas Süßes mal wieder nicht zum Aushalten sein, bediene dich lieber mit einer kleinen Handvoll Granola, als ein Stück Schokolade zu essen.

Nährwerte pro Portion (à 30 g): 150 kcal – KH 10 g, F 10 g, B 2 g, EW 4 g

Quinoa-Frühstücksbowl mit Orangenquark, Stachelbeeren, Trauben und Mandel-Schoko-Topping

Zubereitungszeit
15–20 Minuten

Für 2 Portionen
- 50 g Quinoa
- 60 g Mandelkerne
- 80 g Stachelbeeren
- 80 g blaue Weintrauben
- 20 g Bitterschokolade (mind. 85 % Kakaoanteil)
- 200 g Sojaquark Natur
- ½ Orange
- 15 g getrocknete Maulbeeren, Sanddorn oder Heidelbeeren

Die **Quinoa** in ein feines Sieb geben, kalt abbrausen, in einen Topf geben und nach Packungsangaben mit Wasser garen. • Währenddessen die **Mandeln** grob hacken und ohne Fett in einer Pfanne rundum goldbraun anrösten. • In der Zwischenzeit die **Stachelbeeren** waschen und abtropfen lassen. Die **Weintrauben** waschen, abzupfen und ebenfalls abtropfen lassen. Die **Schokolade** grob hacken. • Den **Quark** in eine Schüssel geben. Die **Orangenhälfte** auspressen, den Saft zum Quark geben und glatt rühren. • Die Früchte halbieren oder in Scheiben schneiden. • Die fertig gegarte Quinoa auf zwei Bowls verteilen, in eine Bowlhälfte drücken und den Orangenquark in die andere Hälfte füllen. Mit Früchten, Mandeln, Schokolade und **Trockenfrüchten** garnieren und servieren.

KARIBISCHE VARIANTE

Quinoa mit Kokosdrink garen und/oder statt Sojaquark Kokosjoghurt verwenden. Dazu frische Mango, Kiwi oder Physalis – ein Träumchen!

Auch kalte Quinoa, die am Vorabend zubereitet wurde, passt sehr gut. Als Alternative schmeckt hier gegarter Reis super. Obst und Mandeln kannst du ebenfalls nach Belieben austauschen.

Nährwerte pro Portion: 481 kcal – KH 35 g, F 27 g, B 7 g, EW 18 g

Walnuss-Schoko-Creme

Zubereitungszeit
15 Minuten

Ergibt ca. 250 g
(20 Portionen à ca. 12 g)
100 g Walnusskerne
100 g Bitterschokolade (mind. 85 % Kakaoanteil)
abgeriebene Schale von 1 Bioorange
½ Vanilleschote
30 g Rapsöl
1 Prise Salz

Außerdem
1 steriles Schraubglas

Die **Walnusskerne** ohne Fett in einer Pfanne leicht bräunlich anrösten. Vom Herd nehmen und etwas abkühlen lassen. • Inzwischen die **Schokolade** in Stücke brechen, in eine hitzebeständige Schüssel geben, auf einen Topf mit kochendem Wasser setzen und schmelzen. • Die **Orangenschale** unter die geschmolzene Schokolade rühren und vom Wasserbad nehmen. • Die **Vanilleschote** längs aufschneiden, das Mark herauskratzen und ebenfalls zur Schokolade geben. **Rapsöl** und **Salz** hinzufügen und gut verrühren. • Die Walnüsse im Blitzhacker oder Standmixer fein zerkleinern und unter die Schokomischung heben. Die Creme in das Schraubglas füllen und erkalten lassen. Mit dem Deckel gut verschließen und im Kühlschrank aufbewahren.

Die Schokocreme hält sich im Kühlschrank mindestens 2 Wochen, falls sie nicht schon vorher weggeputzt wurde. Sie schmeckt nicht nur zu den Lovely Pancakes (siehe Seite 59), sondern auch auf frischem Vollkornbrot und Pumpernickel einfach nur grandios.

Nährwerte pro Portion (ca. 12 g): 78 kcal – KH 2 g, F 7 g, B 0 g, EW 1 g

Low-Carb-Brot

Zubereitungszeit
15 Minuten plus
30 Minuten Quellen und
55 Minuten Backen

Ergibt 1 Brot (ca. 1,2 kg, ca. 38 Scheiben à 30 g)
225 g Hirseflocken
150 g Sonnenblumenkerne
140 g geschrotete Leinsamen
50 g gemahlene Mandelkerne
50 g geschälte Hanfsamen
60 g Chiasamen
25 g Flohsamenschalen
5 g Salz
40 g Olivenöl
40 g Sonnenblumenöl
1 TL Agavendicksaft

Außerdem
1 Kastenform (30 cm Länge)

Alle **trockenen Zutaten** in einer großen Schüssel gut miteinander vermengen. • Die **flüssigen Zutaten** in einer Schale verrühren, mit 575 ml Wasser zur trockenen Mischung geben, gut vermengen und 30 Minuten quellen lassen. • Inzwischen den Backofen auf 200 °C Ober-/Unterhitze vorheizen. • Die Kastenform mit Backpapier auslegen, die Masse hineingeben, fest andrücken und die Oberfläche mit leicht angefeuchteten Händen glatt streichen. In den vorgeheizten Ofen geben und 55 Minuten backen. • Aus dem Ofen nehmen und erkalten lassen. Dann das Brot aus der Form stürzen und das Backpapier entfernen. In 7–8 mm dünne Scheiben geschnitten genießen.

Das Brot kann ganz nach Belieben mit verschiedenen getrockneten Kräutern und Gewürzen verfeinert werden, zum Beispiel mit Thymian, Oregano oder Paprikapulver. Oder man gibt gehackten Knoblauch oder in Streifen geschnittene getrocknete Tomaten etc. hinzu. Du kannst die Brotscheiben sehr gut einfrieren, am besten mit Butterbrotpapier dazwischen. So kannst du sie portionsweise wieder auftauen.

Nährwerte pro Scheibe: 108 kcal – KH 5 g, F 8 g, B 3 g, EW 3 g

ohne Gluten, Soja und raffinierten Zucker

Gurke-Hanf-Aufstrich mit feiner Dillnote

Zubereitungszeit 5 Minuten plus 2 Stunden Ruhen

Ergibt ca. 300 g (ca. 10 Portionen à 30 g)
1 kleine rote Zwiebel
⅓ Salatgurke
½ Bund Dill
100 g geschälte Hanfsamen
10 g Chiasamen
1 EL Hefeflocken
30 g weißes Mandelmus
1 EL Apfelessig
Salz
schwarzer Pfeffer aus der Mühle

Außerdem
1–2 sterile Schraubgläser

Die **Zwiebel** schälen und grob würfeln. **Salatgurke** waschen und ebenfalls grob würfeln. Den **Dill** abbrausen, trocken schütteln und grob hacken. • Zwiebeln, Gurken und Dill mit **Hanfsamen, Chiasamen, Hefeflocken, Mandelmus** und **Essig** im Standmixer zu einer glatten Masse verarbeiten. (Alternativ einen Stabmixer verwenden.) • Mit **Salz** und **Pfeffer** abschmecken und etwa 2 Stunden im Kühlschrank ziehen lassen, sodass die Chiasamen aufquellen und so den Aufstrich binden können. In Schraubgläser füllen und kalt stellen.

Nährwerte pro Portion: 90 kcal – KH 1 g, F 7 g, B 2 g, EW 4 g

VARIANTE Gurke-Hanf-Dip mit feiner Dillnote
Den Aufstrich kannst du wunderbar zu einem Dip umwandeln, indem du einfach die Chiasamen weglässt. Der Dip passt zum Beispiel super zu Gemüsesticks.

Nährwerte pro Portion: 86 kcal – KH 1 g, F 4 g, B 1 g, EW 4 g

TIPP Gut verschlossen hält sich der Aufstrich etwa 1 Woche im Kühlschrank.

ohne Gluten und raffinierten Zucker

Wie Hüttenkäse – nur besser

Zubereitungszeit 5 Minuten plus ca. 30 Minuten Ruhen

Ergibt ca. 400 g (ca. 10 Portionen à 40 g)
150 g Sojajoghurt Natur
50 g veganer Frischkäse Natur
Saft von ½ Zitrone
1 EL Hefeflocken
1 TL grobes Meersalz
200 g Tofu Natur

Außerdem
2 sterile Schraubgläser

Den **Joghurt** mit **Frischkäse** und **Zitronensaft** in eine Schüssel geben und mit dem Schneebesen glatt rühren. **Hefeflocken** und **Salz** unterrühren. • Mit einem Küchentuch überschüssiges Wasser aus dem **Tofu** pressen, diesen klein zerbröseln und unter die Joghurtcreme heben. Abdecken und vor dem Servieren etwa 30 Minuten im Kühlschrank ziehen lassen. In Schraubgläser füllen und kalt stellen.

Nährwerte pro Portion: 46 kcal – KH 2 g, F 2 g, B 0 g, EW 4 g

TIPP Gut verschlossen hält sich der Hüttenkäse etwa 1 Woche im Kühlschrank.

TIPP Kalt gestellt hält sich die Ohne-Leber-Wurst etwa 1 Woche. Ich mag den Aufstrich am liebsten auf frischem Vollkornbrot oder Low-Carb-Brot (siehe Seite 67), belegt mit sauren Gürkchen und Schnittlauch. Zu den oberleckeren Saaten-Crackern (siehe Seite 187) passt er auch hervorragend.

TIPP Gut verschlossen hält sich der Aufstrich locker 1 Woche im Kühlschrank. Nach Belieben mit gehackten Kräutern, zum Beispiel Schnittlauch oder Petersilie, verfeinern. Dieser Aufstrich schmeckt mir auf frisch getoastetem Vollkornbrot oder Low-Carb-Brot (siehe Seite 67) besonders gut.

ohne Gluten und raffinierten Zucker

Ohne-Leber-Wurst

Zubereitungszeit 10 Minuten
Ergibt ca. 550 g
(12 Portionen à ca. 45 g)

1 Zwiebel
½ mittelgroßer Apfel (z. B. Braeburn oder Elstar)
30 g Olivenöl
225 g schwarze oder Kidneybohnen aus der Dose (Abtropfgewicht)
175 g Räuchertofu
4 TL getrockneter Majoran
½ TL edelsüßes Paprikapulver
¼ TL Rauchsalz (alternativ geräuchertes Paprikapulver)
¼ TL schwarzer Pfeffer aus der Mühle

Außerdem

2–3 sterile Schraubgläser

Die **Zwiebel** schälen und klein würfeln. Den **Apfel** waschen, nach Belieben entkernen und ebenfalls klein würfeln. Zwiebel- und Apfelwürfel mit 10 g (1 EL) **Olivenöl** in eine Pfanne geben und glasig anschwitzen. Vom Herd nehmen und beiseitestellen. • Die **Bohnen** in ein Sieb geben und kurz abtropfen lassen. Den **Tofu** grob würfeln. Bohnen, Tofu, restliches **Öl,** alle **Gewürze** und 3 EL Wasser im Standmixer zu einer glatten Masse verarbeiten, dabei je nach gewünschter Konsistenz noch etwas Wasser hinzufügen. (Alternativ den Stabmixer verwenden.) • Die Bohnencreme in eine Schüssel füllen, die Zwiebel-Apfel-Mischung unterheben und nach Belieben mit **Rauchsalz** und **Pfeffer** abschmecken. Die Ohne-Leber-Wurst in Schraubgläser füllen und im Kühlschrank aufbewahren.

Nährwerte pro Portion: 68 kcal – KH 4 g, F 3 g, B 2 g, EW 4 g

ohne Gluten, Soja und raffinierten Zucker

Wie Teewurst, auf Linsenbasis

Zubereitungszeit 15 Minuten
Ergibt ca. 400 g
(10 Portionen à 40 g)

150 g rote Linsen
Salz
1 Zwiebel
1 Knoblauchzehe
1 EL Olivenöl
60 g veganer Frischkäse Natur
1 Msp. gemahlener Piment
¾ TL Rauchsalz
½ TL schwarzer Pfeffer aus der Mühle
½ TL rosenscharfes Paprikapulver
1 TL Agavendicksaft

Außerdem

2 sterile Schraubgläser

Die **Linsen** in ein Sieb geben, kalt abbrausen und in einen Topf geben. Mit reichlich Wasser bedecken, leicht **salzen,** zum Kochen bringen und etwa 10 Minuten gar köcheln lassen. • Inzwischen **Zwiebel** und **Knoblauchzehe** schälen, fein würfeln und im **Olivenöl** bei mittlerer Hitze glasig anschwitzen. • Die Linsen in ein Sieb abgießen und kurz abtropfen lassen. Mit der Zwiebel-Knoblauch-Mischung und den übrigen **Zutaten** im Standmixer zu einer glatten Creme verarbeiten und nach eigenem Geschmack nachwürzen. (Alternativ den Stabmixer verwenden.) Den Aufstrich in Schraubgläser füllen und im Kühlschrank aufbewahren.

Nährwerte pro Portion: 73 kcal – KH 10 g, F 2 g, B 3 g, EW 4 g

Tapenade auf Salatgurke

Zubereitungszeit
15 Minuten

Für 2 Portionen

Für die Tapenade

1 sehr kleine Knoblauchzehe
150 g entsteinte Kalamata-Oliven
100 g entsteinte grüne Oliven
20 g in Lake eingelegte Kapern
3 Stängel glatte Petersilie
1 ½ EL Olivenöl
Saft von ½ Zitrone
1 Prise Salz

Für Gurke und Topping

2 mittelgroße Salatgurken
80 g Sojajoghurt Natur
30 g Granatapfelkerne

Die **Knoblauchzehe** schälen und mit beiden **Olivensorten** und **Kapern** im Blitzhacker oder Standmixer klein hacken. Es soll aber keine glatte Creme werden, sondern eine stückige Paste. Alternativ mit dem Messer fein hacken. • Die **Petersilie** abbrausen, trocken schütteln, fein hacken und mit **Olivenöl, Zitronensaft** und **Salz** unter die Olivenpaste heben. • Die **Gurken** waschen und längs in 1 cm dicke, lange Scheiben schneiden. Die Scheiben auf zwei Tellern anrichten und mit dem **Joghurt** bestreichen. Die Tapenade darauf verteilen und mit **Granatapfelkernen** toppen.

Belege die Gurken ganz nach deinem Geschmack, zum Beispiel mit veganem Hüttenkäse (siehe Seite 68), aufgeschnittenen Tomaten und Basilikum oder mit veganem Naturjoghurt, Avocadospalten und Gartenkresse. Auch süß belegt schmeckt Gurke ganz hervorragend, beispielsweise mit Sojajoghurt, Beeren, Granola (siehe Seite 60) und Minze.

Nährwerte pro Portion: 393 kcal – KH 15 g, F 33 g, B 5 g, EW 8 g

Frische Champignonpfanne mit Polenta und knackigen Tomaten

Zubereitungszeit
15 Minuten

Für 2 Portionen
Für die Champignonpfanne
1 Zwiebel
1 Knoblauchzehe
2 Zweige Thymian
500 g braune Champignons
1 TL Olivenöl
Saft von ½ Zitrone
1 Prise Chiliflocken
Salz
schwarzer Pfeffer aus der Mühle
Für die Polenta
50 g Minuten-Polenta
Salz
1 TL Olivenöl
Zum Servieren
10 Datteltomaten
1 Frühlingszwiebel

Für die Champignonpfanne **Zwiebel** und **Knoblauchzehe** schälen und sehr fein würfeln. Den **Thymian** abbrausen, trocken schütteln, die Blätter abzupfen und fein hacken. • Die **Champignons** mit einem Küchentuch säubern, die Stiele etwas abschneiden und vierteln. Das **Olivenöl** in einer Pfanne erhitzen und die Pilze darin bei hoher Hitze anbraten – sie sollen kräftig bräunen, aber nicht so lange gebraten werden, bis das Wasser austritt. Vom Herd nehmen. • Zwiebeln, Knoblauch, Thymian, **Zitronensaft, Chiliflocken** und je eine Prise **Salz** und **Pfeffer** dazugeben, vermengen und beiseitestellen. • Inzwischen die **Polenta** nach Packungsangaben mit Wasser und einer Prise **Salz** zubereiten. • Zum Servieren die **Tomaten** waschen und vierteln oder in dünne Scheiben schneiden. **Frühlingszwiebel** waschen, putzen und in dünne Ringe schneiden. • Die fertige Polenta auf zwei Teller geben und mit dem **Olivenöl** beträufeln. Pilze und Tomaten daneben anrichten und mit Frühlingszwiebelringen sowie etwas **Pfeffer** bestreuen.

VARIANTE **Süße Polenta mit Früchten und Nüssen**
Die Polenta kann auch süß mit 1 EL Agavendicksaft und dem Mark einer halben Vanilleschote zubereitet werden. Dazu statt Champignons, Tomaten und Frühlingszwiebeln frische Beeren und Obst sowie gehackte Nüsse nach Wahl servieren.
Nährwerte pro Portion: 125 kcal – KH 23 g, F 3 g, B 0 g, EW 2 g

Nährwerte pro Portion: 211 kcal – KH 23 g, F 6 g, B 6 g, EW 9 g

Ohne-Eier-Salat

Zubereitungszeit
15 Minuten plus
40 Minuten Ruhen

Ergibt ca. 500 g
(ca. 12 Portionen à ca. 40 g)

Für die „Eiweißwürfel"
300 g Haferdrink Natur
1 Prise Kala Namak (Schwarzsalz)
1 TL Agar-Agar

Für die Salatcreme
120 g Kichererbsen aus der Dose (Abtropfgewicht)
125 g Sojajoghurt Natur
1 EL Weißweinessig
1 TL Kala Namak (Schwarzsalz)
½ TL gemahlene Kurkuma
1 TL Senf
¼ TL edelsüßes Paprikapulver
schwarzer Pfeffer aus der Mühle
3–4 Gewürzgurken aus dem Glas
½ Bund Schnittlauch

Außerdem
2–3 sterile Schraubgläser

Für die „Eiweißwürfel" **Haferdrink** und **Kala Namak** in einen Topf geben und unter Rühren einmal aufkochen lassen. • Inzwischen das **Agar-Agar** mit etwa 4 EL Wasser verrühren. Sobald der Haferdrink kocht, das aufgelöste Agar-Agar mit einem Schneebesen unterrühren. Erneut kräftig aufkochen lassen, dann in einen tiefen Teller gießen und etwa 10 Minuten bei Raumtemperatur abkühlen lassen. In den Kühlschrank stellen und 30 Minuten fest werden lassen. • In der Zwischenzeit für die Salatcreme **Kichererbsen, Joghurt, Essig, Kala Namak, Kurkuma, Senf, Paprikapulver** und eine große Prise **Pfeffer** im Standmixer zu einer glatten Creme verarbeiten. (Alternativ den Stabmixer verwenden.) Die Kichererbsencreme in eine Schüssel füllen. • Die **Gewürzgurken** klein würfeln. Den **Schnittlauch** waschen, trocken schütteln, in feine Röllchen schneiden, mit den Gurkenwürfeln zur Creme geben und vermengen. • Die „Eiweißmasse" aus dem Kühlschrank nehmen, klein würfeln und ebenfalls unterheben. Nach Geschmack nachwürzen, in Schraubgläser füllen und kalt stellen.

SERVIERVARIANTE Dekorative „Eier"
Man kann die „Eiweißmasse" auch in die Mulden von Eier-Silikonformen füllen und erhält somit vegane „Eiweißhälften". Dann die Salatcreme dekorativ als „Eigelb" mittig daraufsetzen.

TIPP

Besonders gern esse ich den Ohne-Eier-Salat auf knackigem Knäckebrot. Er hält sich in einer gut verschlossenen Dose 3–4 Tage im Kühlschrank.

Nährwerte pro Portion: 35 kcal – KH 5 g, F 1 g, B 1 g, EW 2 g

KALA NAMAK Das bräunlich-rosa bis dunkelviolette Kala Namak, auch Schwarzsalz genannt, hat einen rauchigen Geschmack mit einer leicht bitteren Note. Durch den hohen Schwefelgehalt verleiht es den Speisen den charakteristischen Eiergeschmack, sodass man auch in der veganen Küche nicht darauf verzichten muss.

Old Venglish Breakfast – Baked Beans mit Tofucrumble

Zubereitungszeit 15 Minuten
Für 2 Portionen

Für die Baked Beans
1 Zwiebel
1 Knoblauchzehe
1 Zweig Rosmarin
1 TL Olivenöl
240 g weiße Bohnen aus der Dose (Abtropfgewicht)
120 g stückige Tomaten aus der Dose
½ TL Rauchsalz
½ TL edelsüßes Paprikapulver
1 TL Agavendicksaft
2 Prisen schwarzer Pfeffer aus der Mühle

Für den Tofucrumble
400 g Tofu Natur
1 TL Olivenöl
1 ½ EL weißes Mandelmus
40 g Haferdrink Natur
1 TL Kala Namak (Schwarzsalz)
1 TL gemahlene Kurkuma
schwarzer Pfeffer aus der Mühle
½ Bund Schnittlauch
Salz

Zum Servieren
50 g Sprossen (Sorte nach Belieben)
¼ Salatgurke
1 EL Sriracha-Sauce (alternativ eine andere scharfe Chilisauce)

Für die Baked Beans **Zwiebel** und **Knoblauchzehe** schälen, fein würfeln, mit dem **Rosmarinzweig** und **Olivenöl** in einen kleinen Topf geben und bei mittlerer Hitze glasig anschwitzen. • Die **Bohnen** abgießen, mit den übrigen **Zutaten** zur Zwiebelmischung geben und abgedeckt etwa 6 Minuten bei mittlerer Hitze köcheln lassen. Den Deckel abnehmen und noch 2 Minuten garen, dabei gelegentlich umrühren. • Parallel dazu für den Tofucrumble mit einem Küchentuch überschüssiges Wasser aus dem **Tofu** auspressen, dann fein zerbröseln und im **Olivenöl** etwa 2 Minuten scharf anbraten. • Inzwischen das **Mandelmus** mit **Haferdrink, Kala Namak, Kurkuma** sowie einer Prise **Pfeffer** glatt rühren und zum Tofu geben. Bei mittlerer Hitze etwa 4 Minuten braten, bis die Flüssigkeit vom Tofu aufgenommen wurde, dabei gelegentlich umrühren. • Währenddessen den **Schnittlauch** waschen, trocken schütteln und in feine Röllchen schneiden. • Zum Servieren die **Sprossen** abbrausen und abtropfen lassen. Die **Gurke** waschen und in dünne Scheiben schneiden. • Den Schnittlauch unter den Tofucrumble heben und nach Bedarf mit **Salz** und **Pfeffer** abschmecken. • Den Rosmarinzweig aus den Bohnen entfernen. Tofucrumble und Baked Beans mit den Gurkenscheiben auf zwei Tellern anrichten, mit **Sriracha** beträufeln, die Sprossen darüberstreuen und frisch genießen.

Nährwerte pro Portion: 484 kcal – KH 28 g, F 22 g, B 12 g, EW 37 g

Mandelmozzarella

Zubereitungszeit
10 Minuten
plus ca. 26 Stunden
Quellen und Ruhen

Ergibt ca. 250 g
(2 Stück à 125 g)
10 g Flohsamenschalen
40 g Mandelmehl (siehe rechts)
1 Spritzer Zitronensaft
30 g Olivenöl
½ TL Salz

Die **Flohsamenschalen** in 200 ml Wasser einweichen und etwa 2 Stunden quellen lassen. • Dann mit **Mandelmehl, Zitronensaft, Olivenöl** und **Salz** in einen Mixbecher geben und mit dem Stabmixer glatt mixen. Nicht wundern, es wird eine sehr klebrige Masse, das muss so sein. • Zwei kleine Müslischalen oder zwei Kaffeetassen mit kaltem Wasser ausspülen und mit der Mozzarellamasse befüllen. Mit Frischhaltefolie abdecken und etwa 24 Stunden im Kühlschrank ruhen lassen. • Den Mandelmozzarella zum Servieren in Scheiben schneiden und beispielsweise für Caprese (siehe unten) verwenden.

Der Mandelmozzarella hält sich in einer gut verschlossenen Dose mindestens 1 Woche im Kühlschrank. Er schmeckt nicht nur im Zusammenspiel mit Tomaten, sondern ist auch zum Überbacken bestens geeignet – er zieht sogar leichte Fäden. Ideal also für Lasagne oder einen Gemüseauflauf.

Caprese mit Mandelmozzarella

125 g Mandelmozzarella (ein Stück, siehe oben) in dünne Scheiben schneiden. Vier Rispentomaten (300 g) waschen und ebenfalls in dünne Scheiben schneiden. Mozzarella- und Tomatenscheiben abwechselnd und leicht überlappend auf zwei Tellern anrichten. Mit Salz und Pfeffer würzen und mit 10 g (1 EL) Olivenöl beträufeln. Mit reichlich Basilikumblättern bestreuen und sofort genießen. – Für mich nicht nur eine Beilage, sondern auch im Sommer ein idealer Snack.

Nährwerte pro Portion: 272 kcal – KH 7 g, F 20 g, B 7 g, EW 13 g

Nährwerte pro 125 g: 204 kcal – KH 2 g, F 16 g, B 7 g, EW 11 g

MANDELMEHL Mandelmehl sollte man nicht mit fein gemahlenen Mandeln verwechseln. Es ist ein Nebenprodukt, das bei der Mandelölgewinnung entsteht. Die entölten Mandelpressrückstände werden dabei zu Mandelmehl verarbeitet, das nicht mehr alle Nährstoffe der Mandeln enthält, aber proteinreicher und deutlich kalorienärmer ist. Es hat auch andere Back- und Kocheigenschaften und wird gern für glutenfreie Backwaren verwendet.

Frisch und wertvoll – Salate und Bowls

Hier tanzen die Vitamine Tango auf der Zunge und die Geschmacksknospen klatschen vor Freude in die Hände: Auf den folgenden Seiten findest du Rezepte mit der Extraportion Vitalstoffe, frischen Salaten und Kräutern, saftigem Gemüse sowie Nüssen und Samen, verfeinert mit leckeren Dressings und Saucen. Auch bestens für unterwegs und die Arbeit geeignet.

Tex-Mex-Salat auf Kichererbsenfladen

Zubereitungszeit
20 Minuten
Für 2 Portionen

Für den Teig
80 g Kichererbsenmehl
1 EL Hefeflocken
½ TL Backpulver
½ TL getrockneter Oregano
Salz
schwarzer Pfeffer aus der Mühle
150 g Sojadrink Natur
1 TL Olivenöl

Für das Dressing
3–4 Stängel Koriandergrün
1 Knoblauchzehe
100 g Sojajoghurt Natur
Saft von 1 Limette
¼ TL Salz
1 Prise schwarzer Pfeffer aus der Mühle

Für den Salat
110 g Kidneybohnen aus der Dose (Abtropfgewicht)
120 g Maiskörner aus der Dose (Abtropfgewicht)
1 kleine rote Zwiebel
1 Römersalatherz
1 Avocado
6 Cocktailtomaten
2 eingelegte milde Peperoni (nach Belieben)
Salz
schwarzer Pfeffer aus der Mühle
3 Stängel Oregano
10 g Sesamsaat

Für den Teig **Kichererbsenmehl, Hefeflocken, Backpulver, Oregano** und je zwei Prisen **Salz** und **Pfeffer** in einer Schüssel vermischen. Den **Sojadrink** langsam dazugießen und mit dem Schneebesen zu einem glatten Teig verrühren. • Die Hälfte des **Olivenöls** in einer beschichteten Pfanne erhitzen, die Hälfte des Teigs hineingeben, ausstreichen und bei mittlerer Hitze langsam durchbacken. Wenn der Rand leicht gebräunt ist, vorsichtig wenden und 1 weitere Minute fertig backen. Auf die gleiche Weise einen zweiten Kichererbsenfladen ausbacken. • Inzwischen für das Dressing den **Koriander** abbrausen, trocken schütteln und grob hacken. Die **Knoblauchzehe** schälen. Beides mit **Joghurt, Limettensaft, Salz** und **Pfeffer** im Standmixer zu einer glatten Creme verarbeiten. (Alternativ den Stabmixer verwenden.) Das Dressing in eine Schüssel geben. • Für den Salat **Bohnen** und **Mais** zusammen in einem Sieb abtropfen lassen. Die **Zwiebel** schälen und klein würfeln. Den **Salat** waschen, trocken schütteln und in feine Streifen schneiden. Die **Avocado** halbieren, entsteinen, das Fruchtfleisch auslösen und klein würfeln. **Tomaten** waschen und halbieren. Nach Belieben die **Peperoni** in feine Ringe schneiden. Alle vorbereiteten Zutaten zum Dressing in die Schüssel geben und vermengen. Mit **Salz** und **Pfeffer** abschmecken. • Die Kichererbsenfladen auf zwei Teller geben und den Tex-Mex-Salat darauf anrichten. Den **Oregano** waschen, trocken schütteln, die Blätter abzupfen und mit dem **Sesam** über die Salatportionen streuen.

Nährwerte pro Portion: 546 kcal – KH 42 g, F 30 g, B 31 g, EW 21 g

TIPP Wer mag, gibt die Salatmischung auf die Fladen und träufelt erst dann das Dressing darüber.

Butternut-Rucola-Salat mit Feigen

Zubereitungszeit
15 Minuten plus
30 Minuten Backen

Für 2 Portionen

Für den Ofenkürbis

½ Butternut-Kürbis
1 TL Olivenöl
1 Prise Salz
½ TL Chiliflocken

Für den Salat

80 g Rucola
2 Frühlingszwiebeln
2 Feigen
40 g veganer Hüttenkäse (siehe Seite 68; alternativ veganer Frischkäse Natur)
15 g geröstete Pistazien

Für das Dressing

1 ½ EL Kürbiskernöl
1 ½ EL Weißweinessig
1 ½ TL Senf
Saft von ½ Orange
1 Prise Salz
1 Prise schwarzer Pfeffer aus der Mühle

Den Backofen auf 175 °C Umluft vorheizen. • Für den Ofenkürbis den **Butternut-Kürbis** entkernen, waschen oder nach Belieben schälen (siehe Tipp) und in 1,5 cm große Würfel schneiden. In eine Schüssel geben und mit **Olivenöl, Salz** sowie **Chiliflocken** vermengen. Auf einem mit Backpapier ausgelegten Backblech verteilen und im vorgeheizten Ofen 30 Minuten backen. • Inzwischen für den Salat den **Rucola** waschen und trocken schleudern. Die **Frühlingszwiebeln** waschen, putzen und in dünne Ringe schneiden. Beides in eine Schüssel geben. • Für das Dressing alle **Zutaten** in einer Schale gut verrühren. Über die Rucola-Mischung träufeln und vermengen. • Wenn die Kürbiswürfel goldbraun gebacken sind, diese unter den Rucola-Salat heben und auf zwei Teller verteilen. Die **Feigen** waschen, vierteln und daneben anrichten. **Hüttenkäse** in Klecksen darüber verteilen und mit **Pistazien** bestreuen.

Die Schale vom Butternut-Kürbis kann mitverzehrt werden, sie wird allerdings erst nach längerem Kochen oder Rösten, wie hier im Rezept, weicher. Wer das nicht mag, schält den Kürbis einfach.

Nährwerte pro Portion: 447 kcal – KH 57 g, F 19 g, B 12 g, EW 14 g

Rote-Quinoa-Hummus-Bowl mit wildem Brokkoli und Spinat

Zubereitungszeit
20 Minuten

Für 2 Portionen

Für Quinoa und Gemüse
50 g rote Quinoa (alternativ gelbe oder bunte)
350 g wilder Brokkoli
1 EL Olivenöl
Salz
50 g Babyspinat
1 kleine rote Zwiebel
½ TL edelsüßes Paprikapulver
1 TL Harissa-Paste

Für den Hummus
220 g Kichererbsen aus der Dose (Abtropfgewicht)
1 Knoblauchzehe
Saft von ½ Zitrone
1 ½ EL Tahin (Sesammus)
¼ TL gemahlener Kreuzkümmel (Cumin)
Salz

Für das Topping
4 Cocktailtomaten
40 g gemischte Sprossen
50 g Kalamata-Oliven mit Stein

Die **Quinoa** in ein feines Sieb geben, kalt abbrausen, in einen Topf geben und nach Packungsangaben mit Wasser garen. • In der Zwischenzeit für den Hummus die **Kichererbsen** abgießen, dabei das Einweichwasser auffangen. Die **Knoblauchzehe** schälen. Kichererbsen, 3 EL Einweichwasser, Knoblauch, **Zitronensaft, Tahin, Kreuzkümmel** und eine Prise **Salz** im Standmixer zu einer glatten Creme verarbeiten. (Alternativ den Stabmixer verwenden.) Nach Belieben mit **Salz** abschmecken. • Für das Gemüse den **Brokkoli** waschen und trocken tupfen. Das **Olivenöl** in einer Pfanne erhitzen und den Brokkoli etwa 3 Minuten scharf anbraten, dabei einmal wenden. Mit einer Prise **Salz** würzen und etwas abkühlen lassen. • Den **Spinat** waschen und trocken schütteln. Die **Zwiebel** schälen, halbieren und in dünne Streifen schneiden. • Für das Topping die **Tomaten** waschen und halbieren. Die **Sprossen** abbrausen und trocken tupfen. • Gegarte Quinoa, Hummus, Brokkoli, Spinat und Zwiebeln nebeneinander in zwei Bowls anrichten. Das **Paprikapulver** über den Hummus streuen und in die Mitte der Bowls je ½ TL **Harissa** geben. Mit Tomatenhälften, Sprossen und **Oliven** toppen und genießen.

Nährwerte pro Portion: 395 kcal – KH 28 g, F 19 g, B 17 g, EW 20 g

Rote-Bete-Linsen-Salat mit gebackenen Kohlrabi-Ecken

Zubereitungszeit
15–20 Minuten plus ca. 25 Minuten Backen

Für 2 Portionen

Für die Kohlrabi-Ecken

2 große Kohlrabi
1 TL Olivenöl
2 Prisen Salz
1 Prise schwarzer Pfeffer aus der Mühle

Für den Salat

240 g grüne oder braune Linsen aus der Dose (Abtropfgewicht)
2 Bio-Rote-Beten
2 Stangen Staudensellerie
1 kleine rote Zwiebel
½ Bund glatte Petersilie (nach Belieben)
40 g Sprossen (Sorte nach Belieben)
Salz
schwarzer Pfeffer aus der Mühle
40 g Sojajoghurt Natur

Für das Dressing

1 EL Olivenöl
1 ½ EL dunkler Balsamico-Essig
Saft von ½ Zitrone
¼ TL gemahlener Kreuzkümmel (Cumin)
½ TL Chiliflocken
2 Prisen Salz
1 Prise schwarzer Pfeffer aus der Mühle

Den Backofen auf 180 °C Umluft vorheizen. • Für die Kohlrabi-Ecken die **Kohlrabi** schälen, jeweils in etwa zwölf Spalten schneiden und in eine Auflaufform geben. Mit dem **Olivenöl** beträufeln, mit **Salz** und **Pfeffer** würzen, gut vermengen und im vorgeheizten Ofen etwa 25 Minuten backen, bis die Ecken leicht gebräunt sind, dabei nach etwa 15 Minuten einmal wenden. • In der Zwischenzeit für den Salat die **Linsen** in ein Sieb geben und abtropfen lassen. • Die **Roten Beten** gut waschen, Wurzel- und Stängelansatz entfernen und die Beten sehr klein würfeln. Den **Sellerie** waschen, putzen und ebenfalls sehr klein würfeln. Beten und Sellerie in eine Schüssel geben. • Die **Zwiebel** schälen und fein würfeln. Nach Belieben die **Petersilie** abbrausen, trocken schütteln und fein hacken. Beides mit den Linsen ebenfalls in die Schüssel geben und gut vermengen. • Für das Dressing alle **Zutaten** in einer Schale verrühren und über den Salat träufeln. Alles gut vermengen und kurz ziehen lassen. • Die **Sprossen** abbrausen und abtropfen lassen. • Nach der Backzeit den Salat mit **Salz** und **Pfeffer** abschmecken und auf zwei Teller verteilen. Die Kohlrabi-Ecken darauf anrichten, ein paar Kleckse **Joghurt** daraufgeben und mit den Sprossen toppen.

TIPP

Der Salat hält sich gut verschlossen locker 2 Tage im Kühlschrank und eignet sich somit auch bestens zum Mitnehmen. Ich bereite deswegen immer mindestens die doppelte Menge zu, sodass mein Mittagessen am kommenden Tag gesichert ist. Einfach in ein Glas oder eine Dose füllen und unterwegs genießen. Außerdem schmeckt der Salat am nächsten Tag noch intensiver.

Nährwerte pro Portion: 314 kcal – KH 34 g, F 10 g, B 7 g, EW 16 g

Feuriger Melonen-Erdbeer-Salat

Zubereitungszeit
20 Minuten

Für 2 Portionen
½ Cantaloupe-Melone (alternativ Wassermelone)
250 g Erdbeeren
½ Bund Minze
½ rote Chili
1 ½ TL Olivenöl
Saft von 1 Limette
1–2-cm-Stück Bioingwer
Salz
6 Physalis
20 g Kokosraspel

Die **Melone** entkernen, in acht Spalten schneiden, das Fruchtfleisch von der Schale lösen und in 1 cm große Würfel schneiden. Die **Erdbeeren** putzen, waschen, abtropfen lassen, dann je nach Größe halbieren oder vierteln. Die **Minze** abbrausen, trocken schütteln und die Blätter abzupfen. Vier kleine Minzeblätter zum Garnieren beiseitelegen, den Rest fein hacken. Die **Chili** waschen, entkernen und in dünne Ringe schneiden. Alle geschnittenen Zutaten in eine Schüssel geben und vermengen. • **Olivenöl** und **Limettensaft** in einer Schale vermischen. Den **Ingwer** waschen und fein hineinreiben. Mit einer Prise **Salz** würzen, das Dressing über den Salat träufeln und vermengen. • Die Hüllblätter der **Physalis** entfernen, die Früchte waschen und in dünne Scheiben schneiden. • Den Salat auf zwei Schalen verteilen. Mit den Physalisscheiben toppen, mit **Kokosraspeln** bestreuen und mit den Minzeblättern garnieren.

Der Melonen-Erdbeer-Salat passt an einem heißen Sommertag hervorragend als Mittagessen. Die Schärfe bringt den Körper zum Schwitzen und sorgt somit für etwas Abkühlung. Und mit einem Klecks veganem Joghurt on top und etwas Hanfsamen macht er auch als Frühstück eine gute Figur. Wer mag, gibt noch 60 g in Scheiben geschnittenen Mandelmozzarella dazu (siehe Seite 80).

Diesen Salat habe ich 2002 zum ersten Mal während eines Urlaubs in Brasilien gesehen. Dort haben ihn Kinder am Nachmittag gegessen, allerdings mit dreimal so viel Chili.

Nährwerte pro Portion: 234 kcal – KH 28 g, F 11 g, B 6 g, EW 5 g

Gemüsebowl mit Hirse und Dill-Mandel-Dressing

Zubereitungszeit
ca. 20 Minuten

Für 2 Portionen

Für die Bowl
50 g Hirse
80 g Feldsalat
1 Kohlrabi
2–3 Karotten
2 kleinere Zucchini
Salz
schwarzer Pfeffer aus der Mühle
20 g Mandelblättchen

Für das Dressing
1 Knoblauchzehe
1 Biolimette
1 ½ TL Agavendicksaft
1 ½ EL Mandelmus
1 ½ EL Senf
Salz
1 TL Instant-Gemüsebrühe
1 Bund Dill
schwarzer Pfeffer aus der Mühle

Außerdem
Spiralschneider

Für die Bowl die **Hirse** in ein feines Sieb geben, warm abbrausen, in einen Topf geben und nach Packungsangaben in Wasser garen. • Inzwischen den **Feldsalat** waschen und abtropfen lassen. • Den **Kohlrabi** schälen, die **Karotten** gut waschen oder schälen. Die **Zucchini** waschen und mit Kohlrabi und Karotten mit einem Spiralschneider oder einem Sparschäler zu Nudeln verarbeiten. (Alternativ das Gemüse grob raspeln oder fein schneiden.) Die Gemüsenudeln mit dem Feldsalat in eine Schüssel geben, vermengen und mit etwas **Salz** und **Pfeffer** würzen. • Für das Dressing die **Knoblauchzehe** schälen und grob würfeln. Die **Limette** heiß waschen, die Schale abreiben und den Saft auspressen. Beides mit Knoblauch, **Agavendicksaft, Mandelmus, Senf,** ½ TL **Salz, Gemüsebrühe** und 150 ml Wasser in einen Mixbecher geben und mit dem Stabmixer zu einem glatten Dressing verarbeiten. • Den **Dill** abbrausen, trocken schütteln und samt Stielen fein hacken. Zum Dressing geben, mit **Salz** und **Pfeffer** abschmecken, über die Gemüsenudeln träufeln und gut vermengen. • Gemüsenudeln und gegarte Hirse nebeneinander in zwei Bowls anrichten, mit den **Mandelblättchen** garnieren und servieren.

TIPP

Bitte achte darauf, dass die Instant-Gemüsebrühe, die du verwendest, glutenfrei ist.

Nährwerte pro Portion: 325 kcal – KH 39 g, F 11 g, B 11 g, EW 13 g

Großer Bauernsalat mit gebratener Polenta

Zubereitungszeit
25 Minuten plus
20 Minuten Ruhen

Für 2 Portionen

Für die Polenta

- 50 g Minuten-Polenta
- 1 TL Instant-Gemüsebrühe
- 1 EL Hefeflocken
- 1 Prise frisch geriebene Muskatnuss
- 1 Zweig Rosmarin
- 1 ½ TL Olivenöl

Für den Salat

- 1 rote Zwiebel
- ½ mittelgroße Salatgurke
- 350 g Rispentomaten
- 1 kleine gelbe Paprika
- 1 großer Kopfsalat
- 80 g entsteinte grüne Oliven (oder Sorte nach Belieben)
- 4–5 Stängel glatte Petersilie
- 2 Stängel Minze
- Saft von 1 Zitrone
- 1 ½ EL Olivenöl
- 1 TL getrockneter Oregano
- 2 Prisen Salz
- 2 Prisen schwarzer Pfeffer aus der Mühle

Die **Polenta** nach Packungsangaben mit Wasser kochen, dabei **Gemüsebrühe** und **Hefeflocken** hinzufügen. Die fertige Polenta mit **Muskatnuss** würzen, auf einer Backmatte oder einem kleinen Backblech etwa 2 cm dick ausstreichen und 30 Minuten auskühlen lassen. • In der Zwischenzeit für den Salat die **Zwiebel** schälen und in dünne Streifen schneiden. Die **Gurke** waschen und in dünne Scheiben schneiden. **Tomaten** waschen und achteln, dabei die Stielansätze entfernen. Die **Paprika** waschen, entkernen und in dünne Streifen schneiden. Den **Salat** waschen, trocken schütteln und in mundgerechte Stücke schneiden. Die **Oliven** halbieren. **Petersilie** und **Minze** abbrausen, trocken schütteln und die Blätter fein hacken. Alle vorbereiteten Zutaten in eine Schüssel geben. • **Zitronensaft, Olivenöl, Oregano, Salz** und **Pfeffer** verquirlen, über den Salat träufeln, gut vermengen und mindestens 20 Minuten ziehen lassen. • Den **Rosmarin** abbrausen und trocken tupfen. Das **Olivenöl** in einer Pfanne erhitzen und den Rosmarin darin etwa 1 Minute anschwitzen. Währenddessen die erkaltete Polenta in vier bis sechs gleich große Stücke schneiden und im Rosmarinöl bei mittlerer Hitze von beiden Seiten jeweils 3–4 Minuten goldbraun anbraten. • Den Salat auf zwei große Teller verteilen, die gebratene Polenta darauf anrichten und frisch genießen.

TIPP

Der Salat eignet sich auch super als Beilage, dann aber nur die Hälfte davon zubereiten. Gerade in der warmen Jahreszeit ist solch eine Salatmahlzeit der perfekte leichte Genuss.

Nährwerte pro Portion: 359 kcal – KH 37 g, F 19 g, B 6 g, EW 9 g

Orientalische Bowl mit Pfannenauberginen auf Petersiliensalat

Zubereitungszeit
25 Minuten

Für 2 Portionen

Für die Auberginen

2 mittelgroße Auberginen
1 TL Olivenöl
Salz
1 ½ TL Tomaten- oder Paprikamark
½ TL edelsüßes Paprikapulver
2 Prisen Chiliflocken
schwarzer Pfeffer aus der Mühle

Für den Petersiliensalat

2 kleine Zucchini
2 Rispentomaten
2 Bund glatte Petersilie
1 EL Olivenöl
Saft von ½ Zitrone
100 g geschälte Hanfsamen
Salz
schwarzer Pfeffer aus der Mühle

Zum Garnieren

10 g Sesamsaat
25 g Granatapfelkerne

Für die Auberginen Wasser in einem Topf zum Kochen bringen. **Auberginen** waschen und längs vierteln, dabei am Stielansatz nicht durchschneiden, sodass die Viertel noch zusammengehalten werden. In das kochende Wasser geben, die Hitze reduzieren und 10 Minuten leicht köchelnd garen. Dann herausheben und abtropfen lassen. • In der Zwischenzeit für den Petersiliensalat die **Zucchini** waschen und klein würfeln. **Tomaten** waschen und ebenfalls klein würfeln. Die **Petersilie** waschen, trocken schütteln und fein hacken. Zucchini, Tomaten und Petersilie in eine Schüssel geben, **Olivenöl** und **Zitronensaft** darüberträufeln und vermengen. **Hanfsamen** unterheben und mit **Salz** und **Pfeffer** würzen. Beiseitestellen. • Aus den Auberginen vorsichtig das Wasser herauspressen (zum Beispiel mit einem Bratenwender) und die zusammenhängenden Viertel etwas ausbreiten. **Olivenöl** in einer Pfanne erhitzen und die Auberginen darin von beiden Seiten scharf anbraten und jeweils kräftig **salzen.** 120 ml Wasser, **Tomatenmark, Paprikapulver, Chiliflocken** und etwas **Pfeffer** verquirlen und in die Pfanne geben. Die Hitze reduzieren und die Flüssigkeit einziehen lassen, dabei die Auberginen mehrfach wenden. • Den Petersiliensalat auf zwei Bowls oder Teller verteilen, die Pfannenauberginen darauf anrichten und mit **Sesam** und **Granatapfelkernen** garniert servieren.

Nährwerte pro Portion: 448 kcal – KH 18 g, F 14 g, B 13 g, EW 11 g

Knackiger Gemüsesalat mit Joghurtsauce

Zubereitungszeit
25 Minuten

Für 2 Portionen

Für die Bowl
¼ Wirsing
⅓ kleiner Rotkohl
Salz
1 mittelgroßer Brokkoli
80 g Feldsalat
200 g braune Champignons
2–3 Karotten
1 Apfel
Saft von ½ Zitrone
50 g Haselnusskerne

Für die Joghurtsauce
1 Bund glatte Petersilie
2 Frühlingszwiebeln
300 g Sojajoghurt Natur
Saft von ½ Zitrone
Salz
schwarzer Pfeffer aus der Mühle

Für die Bowl den **Wirsing** waschen, den Strunk entfernen und den Kohl in sehr feine Streifen schneiden. Den **Rotkohl** waschen, den Strunk entfernen und ebenfalls in sehr feine Streifen schneiden. Beides in eine große Schüssel geben, mit etwas **Salz** bestreuen und kräftig mit den Händen durchkneten, bis die Kohlstreifen etwas weicher werden. Das dauert etwa 1–2 Minuten und ist für eine bessere Bekömmlichkeit wichtig. • Den **Brokkoli** waschen, die Röschen abtrennen, klein schneiden und mit zum Kohl geben. Den Brokkolistiel beiseitelegen. • Den **Feldsalat** waschen und trocken schleudern. Die **Champignons** mit einem Küchentuch säubern, die Stiele kürzen und in dünne Scheiben schneiden. Die **Karotten** gut waschen oder schälen, mit der Küchenreibe grob raspeln und mit Feldsalat und Pilzen unter die Kohlmischung heben. • Den **Apfel** waschen, vierteln, nach Belieben entkernen, in dünne Spalten schneiden und mit dem **Zitronensaft** beträufeln. • Für die Joghurtsauce die **Petersilie** abbrausen, trocken schütteln und grob hacken. **Frühlingszwiebeln** waschen, putzen und in Ringe schneiden. Den Brokkolistiel schälen und grob in Stücke schneiden. Alles mit dem **Joghurt** in einen Mixbecher geben. **Zitronensaft** mit etwas **Salz** und **Pfeffer** dazugeben und mit dem Stabmixer zu einer glatten Creme verarbeiten. Nach Bedarf mit **Salz** und **Pfeffer** abschmecken. • Den Salat auf zwei Schalen verteilen, Apfelspalten darauf anrichten und Joghurtsauce darüberträufeln. Die **Haselnüsse** grob hacken, über die Portionen streuen und frisch genießen.

TIPP

Statt die Wirsingstreifen weich zu kneten, kann man sie etwa 2 Minuten in 1 TL Olivenöl scharf anbraten. So bekommt der Salat noch etwas Röstaromen. Du kannst den Wirsing auch durch mehr Rotkohl ersetzen. Ich selbst entkerne Äpfel übrigens nicht, sondern entferne nur Stiel und Blütenansatz. Das Kerngehäuse inklusive der Kerne ist nämlich sehr gesund, da darin unter anderem viele sekundäre Pflanzenstoffe stecken.

Nährwerte pro Portion: 463 kcal – KH 35 g, F 20 g, B 19 g, EW 25 g

Konjaknudel-Gurken-Salat mit Wakame-Algen und Knuspertofu

Zubereitungszeit
20 Minuten plus
10 Minuten Ruhen

Für 2 Portionen

Für den Salat

15 g getrocknete Wakame-Algen
200 g Tofu Natur
25 g Sesamöl
1 Prise Kala Namak (Schwarzsalz)
schwarzer Pfeffer aus der Mühle
200 g Konjaknudeln
1 mittelgroße Salatgurke
1 kleine rote Chili
2 Frühlingszwiebeln
½ Bund Koriandergrün (alternativ glatte Petersilie)
10 g Sesamsaat

Für das Dressing

1 ½ EL Reisessig (alternativ Weißwein- oder Apfelessig)
1 ½ EL Sojasauce
Saft von ½ Limette
1 EL Agavendicksaft
2 TL Wasabipaste

Für den Salat die **Wakame** in eine Schüssel mit kaltem Wasser geben und etwa 10 Minuten einweichen. • Währenddessen aus dem **Tofu** überschüssiges Wasser mit einem Küchentuch auspressen. In 1 cm große Würfel schneiden und in einer Pfanne in 5 g (1 TL) **Sesamöl** rundum knusprig anbraten. Zum Schluss mit **Kala Namak** und **Pfeffer** würzen. • In der Zwischenzeit die **Konjaknudeln** in ein Sieb geben, gut abbrausen und nach Packungsangaben in Wasser garen. • Für das Dressing alle **Zutaten** in einer Schüssel glatt rühren. • Die **Salatgurke** waschen, längs halbieren, entkernen und in etwa 5 mm große Würfel schneiden. Die **Chili** waschen, längs halbieren, entkernen und in dünne Ringe schneiden. Die **Frühlingszwiebeln** waschen, putzen und ebenfalls in dünne Ringe schneiden. Den **Koriander** abbrausen, trocken schütteln und fein hacken. Alle vorbereiteten Zutaten zum Dressing in die Schüssel geben und vermengen. • Die Wakame in ein Sieb abgießen und kurz abtropfen lassen. Dann mit Tofu und Konjaknudeln unter den Salat heben und 10 Minuten ziehen lassen. Zum Schluss mit dem **Sesam** bestreuen und frisch genießen.

Wakame-Algen bekommst du getrocknet in Asia- und Bioläden sowie in Onlineshops. Mit etwas Glück findet man sie auch frisch an der Fischtheke.

Nährwerte pro Portion: 305 kcal – KH 11 g, F 21 g, B 4 g, EW 16 g

Bowl mit Ofengemüse, frischem Grünkohl und gebratenem Tempeh

Zubereitungszeit
30–35 Minuten

Für 2 Portionen

Für das Ofengemüse

250 g Rosenkohl
½ kleiner Hokkaido-Kürbis
30 g Olivenöl
1 Prise Salz
1 Prise schwarzer Pfeffer aus der Mühle

Für das frische Gemüse

80 g Feldsalat
500 g Grünkohl
1 kleine rote Paprika
½ Bund glatte Petersilie

Für den Tempeh

100 g Tempeh
1 TL Sesamöl (alternativ Olivenöl)
1 EL Sojasauce

Für das Dressing

30 g Tahin (Sesammus)
1 Knoblauchzehe
1 Prise gemahlener Zimt
1 Prise Salz

Für das Topping

10 g Sesamsaat
30 g Cashewkerne (alternativ Wal- oder Haselnusskerne)
1 Beet Gartenkresse, abgeschnitten

Den Backofen auf 175 °C Umluft vorheizen. • Für das Ofengemüse den **Rosenkohl** putzen, waschen und abtropfen lassen. Den **Kürbis** entkernen, waschen, in mundgerechte Stücke schneiden und auf ein mit Backpapier ausgelegtes Backblech geben. Die Rosenkohlröschen halbieren und mit aufs Blech geben. Mit **Olivenöl** beträufeln, **Salz** und **Pfeffer** darüberstreuen, vermengen und im vorgeheizten Ofen etwa 25 Minuten backen, dabei zwischendurch ein- bis zweimal wenden. • In der Zwischenzeit für das frische Gemüse den **Feldsalat** waschen und abtropfen lassen. Den **Grünkohl** waschen, die dicken Mittelrippen entfernen, die Blätter in sehr feine Streifen schneiden, in eine Schüssel geben und etwa 2 Minuten durchkneten, sodass sie weich werden. Die **Paprika** waschen, entkernen und fein würfeln. **Petersilie** waschen und fein hacken. • Den **Tempeh** in 5 mm dicke Scheiben schneiden und diese in einer Pfanne im **Sesamöl** von beiden Seiten jeweils etwa 2–3 Minuten knusprig anbraten. Zum Schluss mit **Sojasauce** beträufeln und die Tempehscheiben darin wenden. • Für das Dressing **Tahin** und 50 ml Wasser in einer Schale glatt rühren. Die **Knoblauchzehe** schälen, fein hacken und zusammen mit **Zimt** und **Salz** unterrühren. • Das Ofengemüse aus dem Ofen nehmen, mit Feldsalat, Grünkohl, Paprika und Tempeh nebeneinander in zwei Bowls anrichten, sodass jede einzelne Komponente für sich wirkt. Alles mit dem Dressing beträufeln und mit Petersilie bestreuen, mit **Sesam, Cashewkernen** und **Kresse** toppen und servieren.

TIPP

Diese Bowl schmeckt auch mit kaltem Ofengemüse sehr gut und eignet sich super zum Mitnehmen, zum Beispiel für den kommenden Arbeits- oder Schultag.

Nährwerte pro Portion: 692 kcal – KH 33 g, F 41 g, B 24 g, EW 37 g

KUMQUATS Die kleinen Früchte sind herb-süßlich-säuerliche Vitamin-C-Bomben, die geschmacklich zwischen Orangen und milden Zitronen liegen. Kumquats, auch Zwergorangen oder Zwergpomeranzen genannt, sind ein leckerer Snack, runden aber auch als perfektes Topping einige Gerichte ab. Da sie mit der Schale verzehrt werden, ist es wichtig, Bioware zu verwenden.

Bunter Thai-Salat mit frischen Kumquats

Zubereitungszeit
15 Minuten plus
30 Minuten Ruhen

Für 2 Portionen

Für den Salat

2–3 bunte Karotten
1 kleine Zucchini
1 Kohlrabi
½ mittelgroße Salatgurke
3 Frühlingszwiebeln (nach Belieben)
½ Bund Koriandergrün
6 Biokumquats

Für das Dressing

1 Knoblauchzehe
Saft von ½ Limette
3 EL Sojasauce
1 EL Agavendicksaft
1 ½ EL Sesamöl
1 TL Sriracha-Sauce (scharfe Chilisauce)
1 ½ EL Erdnussmus

Zum Garnieren

½ rote Chili
30 g ungeröstete, ungesalzene Erdnusskerne

Für den Salat die **Karotten** gut waschen oder schälen und in Julienne (dünne Stifte) schneiden. Die **Zucchini** waschen und ebenfalls in Julienne schneiden. Den **Kohlrabi** schälen und 5 mm groß würfeln. Die **Gurke** waschen, längs halbieren, entkernen und ebenfalls in 5 mm große Würfel schneiden. Nach Belieben **Frühlingszwiebeln** waschen, putzen und in dünne Ringe schneiden. Den **Koriander** abbrausen, trocken schütteln und grob hacken. **Kumquats** waschen, in dünne Scheiben schneiden und, falls nötig, entkernen. Alle vorbereiteten Zutaten in eine Schüssel geben und vermengen. • Für das Dressing die **Knoblauchzehe** schälen und mit den restlichen **Zutaten** im Standmixer zu einem glatten Dressing verarbeiten, dabei nach Bedarf etwas Wasser einarbeiten, falls die Mischung zu dick werden sollte. (Alternativ den Stabmixer verwenden.) Dressing über die Salatmischung geben, vermengen und 30 Minuten ziehen lassen. • In der Zwischenzeit für die Garnierung die **Chili** entkernen, waschen und in dünne Ringe schneiden. • Den Thai-Salat in zwei Schalen geben und mit Chiliringen sowie **Erdnüssen** garniert servieren.

Sriracha-Sauce ist eine süß-würzige und scharfe thailändische Chilisauce, die du durch eine andere scharfe Chilisauce ersetzen kannst.

Nährwerte pro Portion: 343 kcal – KH 27 g, F 19 g, B 9 g, EW 13 g

Salat von der Feuerbohne

Zubereitungszeit
15 Minuten plus
12 Stunden Einweichen
und 2 Stunden Garen

Für 2 Portionen
175 g getrocknete Feuerbohnen (Käferbohnen)
Salz
1 rote Zwiebel
¼ Eisbergsalat
8 Cocktailtomaten
125 g Maiskörner aus der Dose (Abtropfgewicht)
30 g Kürbiskernöl
2 EL dunkler Balsamico-Essig
schwarzer Pfeffer aus der Mühle
2 Stängel Oregano
30 g Kürbiskerne

Die **Bohnen** in eine Schüssel geben, mit reichlich Wasser bedecken und 12 Stunden einweichen (am besten über Nacht). • Die Bohnen in ein Sieb abgießen, kalt abbrausen, in einen Topf geben, mit leicht **gesalzenem** Wasser bedecken und 2 Stunden köcheln lassen. Abgießen und abkühlen lassen. • Die **Zwiebel** schälen und in sehr dünne Ringe schneiden. Den **Salat** waschen, trocken schütteln und in feine Streifen schneiden. Die **Tomaten** waschen und halbieren. Den **Mais** abtropfen lassen. Zwiebeln, Salat, Tomaten und Mais mit den abgekühlten Bohnen in eine Schüssel geben und vermengen. • **Kürbiskernöl, Balsamico-Essig** sowie je zwei Prisen **Salz** und **Pfeffer** in einer Schale verrühren, das Dressing über den Salat träufeln und vermengen. • Den **Oregano** abbrausen, trocken schütteln, die Blätter abzupfen und mit den **Kürbiskernen** unter den Salat heben. Den Salat auf zwei Schalen verteilen und frisch genießen.

Ich bereite stets die ganze Verpackungseinheit der Bohnen zu und verarbeite den übrigen Teil in der Woche noch in diversen Pfannen- oder Eintopfgerichten. Gut verschlossen in einer Dose halten sich die gegarten Bohnen im Kühlschrank 1 Woche.

Nährwerte pro Portion: 572 kcal – KH 59 g, F 25 g, B 7 g, EW 27 g

FEUERBOHNEN Die getrockneten, schwarz gesprenkelten, violett-braunen Samen der Feuerbohne sind reich an Proteinen und sättigen hervorragend. Geschmacklich ist die Feuerbohne, die auch Käferbohne oder Wollbohne genannt wird, für mich sowieso ganz weit vorn, was Hülsenfrüchte angeht.

Rotkrautsalat mit Kichererbsen, Avocado, Tahinsauce und knackigen Sprossen

Zubereitungszeit
15 Minuten

Für 2 Portionen

Für den Salat

½ kleiner Rotkohl
2 Prisen Salz
120 g Kichererbsen aus der Dose (Abtropfgewicht)
30 g Sojajoghurt Natur
Saft von ½ Zitrone
1 Prise schwarzer Pfeffer aus der Mühle

Für die Sauce

30 g Tahin (Sesammus)
Saft von ½ Zitrone
1 Prise Salz
1 Prise gemahlener Kreuzkümmel (Cumin)
1 Knoblauchzehe

Für das Topping

40 g Sprossen (Sorte nach Belieben)
1 Avocado
10 g Sesamsaat

Für den Salat den **Rotkohl** waschen, den Strunk keilförmig entfernen und den Kohl in sehr feine Streifen schneiden oder hobeln. In eine Schüssel geben, mit **Salz** bestreuen und mit den Händen etwa 1 Minute kräftig durchkneten. Der Kohl wird dadurch weicher und bekömmlicher. • Die **Kichererbsen** abgießen und zum Rotkohl geben. **Joghurt, Zitronensaft** und **Pfeffer** in einer Schale glatt rühren, über die Rotkohlmischung träufeln und vermengen. • Für die Sauce **Tahin, Zitronensaft, Salz, Kreuzkümmel** und 2 EL Wasser in einer Schale glatt rühren. Die **Knoblauchzehe** schälen, sehr fein hacken und unter die Sauce rühren. Sie sollte cremig sein, nach Bedarf noch etwas Wasser hinzugeben. • Für das Topping die **Sprossen** abbrausen und abtropfen lassen. Die **Avocado** längs halbieren, entsteinen, das Fruchtfleisch auslösen und in etwa 1 cm große Würfel schneiden. • Den Salat auf zwei Schalen aufteilen, mit Avocado und Sprossen toppen und mit der Sauce beträufeln. Zum Schluss mit dem **Sesam** bestreuen und frisch genießen.

Durch das Kneten mit etwas Salz wird die Zellstruktur des Kohls aufgebrochen, sodass er weicher und bekömmlicher wird. Wer Probleme mit der Verdauung von Krautsalat hat, der kann ihn nach dem Kneten einfach länger ziehen lassen, gern über Nacht. Je länger er zieht, desto bekömmlicher wird er. Alle übrigen Zutaten dann erst vor dem Verzehr dazugeben.

Nährwerte pro Portion: 439 kcal – KH 21 g, F 30 g, B 15 g, EW 15 g

Falscher Kartoffelsalat – Steckrübe schlägt Kartoffel

Zubereitungszeit
15 Minuten plus
30 Minuten Backen und
mind. 60 Minuten Ruhen

Für 4 Portionen
1 mittelgroße Steckrübe
1 ½ EL Olivenöl
Salz
schwarzer Pfeffer aus der Mühle
250 g Sojajoghurt Natur
3 EL Weißweinessig (alternativ Apfelessig)
45 g Gewürzgurkensud aus dem Glas
1 EL Senf
1 rote Zwiebel
2 mittelgroße Karotten
2 Stangen Staudensellerie
1 Apfel (z. B. Braeburn oder Elstar)
4–5 Gewürzgurken aus dem Glas
1 Bund Schnittlauch
½ Bund glatte Petersilie
100 g TK-Erbsen

Den Backofen auf 170 °C Umluft vorheizen. • Die **Steckrübe** schälen, in 1–1,5 cm große Würfel schneiden und auf ein mit Backpapier ausgelegtes Backblech geben. Mit **Olivenöl** beträufeln und mit ½ TL **Salz** sowie zwei Prisen **Pfeffer** bestreuen, gut vermengen und im vorgeheizten Backofen 30 Minuten backen. • In der Zwischenzeit **Sojajoghurt, Essig, Gewürzgurkensud** und **Senf** in einer großen Schüssel mit dem Schneebesen zu einem glatten Dressing verrühren und kräftig mit **Salz** und **Pfeffer** abschmecken. • Die **Zwiebel** schälen, **Karotten** gut waschen oder schälen. **Staudensellerie** waschen und putzen. **Apfel** waschen, vierteln und nach Belieben entkernen. Alles klein würfeln, zum Dressing in die Schüssel geben und vermengen. Die **Gewürzgurken** ebenfalls klein würfeln und hinzufügen. • Den **Schnittlauch** abbrausen, trocken schütteln und in kleine Röllchen schneiden. Die **Petersilie** abbrausen, trocken schütteln und fein hacken. Die Kräuter mit den **TK-Erbsen** ebenfalls unter das Dressing geben. • Die Steckrübenwürfel aus dem Ofen nehmen, direkt unter den Salat heben und mindestens 60 Minuten durchziehen lassen. Vor dem Servieren noch mal kräftig mit **Salz** und **Pfeffer** abschmecken.

TIPP

Der Salat kann als eigenständiges Gericht genossen werden oder man reicht vegane Bratlinge dazu, zum Beispiel die Blumenkohlbuletten (siehe Seite 123) oder die Linsenbällchen (siehe Seite 119). Etwas gewürfelter und knusprig angebratener Räuchertofu verleiht dem Salat eine extradeftige Note sowie eine Extraportion Proteine.

Nährwerte pro Portion: 226 kcal – KH 32 g, F 6 g, B 5 g, EW 7 g

Oberlecker satt werden – warme Küche

Nicht nur in den kalten Jahreszeiten ist ein warmes Essen Balsam für Körper und Seele. Ob zum Mittag- oder Abendessen: Eine frisch gekochte Mahlzeit mit erlesenen Zutaten wie knackigem Gemüse und ein paar Gewürzen sowie eine anständige Portion Lust am Kochen gehören bei mir zu einem perfekten Tag einfach dazu.

Romanesco-Curry mit Pak Choi in Erdnuss-Bananen-Sauce

Zubereitungszeit
25 Minuten

Für 4 Portionen
1 Romanesco
250 g Pak Choi
1 Zwiebel
2 Knoblauchzehen
ca. 3-cm-Stück Bioingwer
1 kleine Banane
1 ½ EL Erdnussöl (alternativ Olivenöl)
1 ½ EL vegane rote Currypaste
400 g Kokosmilch light (aus der Dose)
1 ½ EL Erdnussmus
Salz
schwarzer Pfeffer aus der Mühle
Saft von ½ Limette

Den **Romanesco** putzen, waschen, die Röschen vom Strunk abtrennen und den Strunk klein würfeln. • Den **Pak Choi** waschen, längs halbieren und den Strunk keilförmig herausschneiden. Die festen Stiele in 5 mm dünne Scheiben und die zarten Blätter in sehr feine Streifen schneiden. • **Zwiebel** und **Knoblauchzehen** schälen und fein würfeln. Den **Ingwer** waschen und ebenfalls klein würfeln. Die **Banane** schälen und in 5 mm dünne Scheiben schneiden. • Das **Erdnussöl** in einem Topf erhitzen, Romanesco-Strunk-, Zwiebel-, Knoblauch- und Ingwerwürfel mit den Bananenscheiben darin etwa 2 Minuten scharf anbraten. Wenn alles leicht Farbe bekommen hat, die **Currypaste** unterrühren und 1 weitere Minute scharf anbraten. • Romanesco-Röschen und Pak-Choi-Stiele dazugeben und 1 Minute mitbraten. Dann **Kokosmilch** und **Erdnussmus** einrühren, einmal kräftig aufkochen lassen, mit je zwei Prisen **Salz** und **Pfeffer** würzen, den Deckel aufsetzen und bei mittlerer Hitze 10 Minuten schmoren, dabei gelegentlich umrühren. • Vor dem Servieren **Limettensaft** und Pak-Choi-Blätter unterheben, bei ausgeschalteter Hitze ohne Deckel 1 Minute ziehen lassen und das Curry nach Bedarf mit **Salz** und **Pfeffer** abschmecken.

Dieses Gericht lässt sich ganz einfach mit den verschiedensten Kohl- und Gemüsesorten variieren, zum Beispiel mit Blumenkohl, Brokkoli, grünem Spargel oder auch grünen Bohnen und knackigen Erbsen.

Nährwerte pro Portion: 258 kcal – KH 13 g, F 19 g, B 9 g, EW 9 g

TIPP Die Linsenbällchen bereite ich gern in größeren Mengen im Backofen zu, denn sie eignen sich wunderbar zum Mitnehmen am kommenden Tag und passen als Beilage zu diversen Salaten.

Bissige Tomatensuppe mit Linsenbällchen

Zubereitungszeit
30 Minuten
Für 2 Portionen

Für die Bällchen

240 g grüne Linsen aus der Dose (Abtropfgewicht)
30 g geschrotete Leinsamen
1 Msp. edelsüßes Paprikapulver
Salz
schwarzer Pfeffer aus der Mühle
3–4 Stängel glatte Petersilie
1 TL Olivenöl

Für die Suppe

1 Zwiebel
1 Knoblauchzehe
2 Stangen Staudensellerie
100 g Kalamata-Oliven mit Stein
1 ½ EL Olivenöl
400 g geschälte Tomaten aus der Dose
½ TL Agavendicksaft
¼ TL gemahlener Zimt
1 Msp. edelsüßes Paprikapulver
2 Prisen Salz
2 Prisen schwarzer Pfeffer aus der Mühle

Für das Topping

30 g vegane Joghurtalternative Natur
Saft von ½ Limette
8 Cocktailtomaten
3–4 Stängel Basilikum

Für die Bällchen die **Linsen** abgießen, in eine Schüssel geben und mit einem Kartoffelstampfer fein zerdrücken. **Leinsamen** und **Paprikapulver** unterheben und mit **Salz** und **Pfeffer** würzen. Die **Petersilie** waschen, trocken schütteln, sehr fein hacken und mit 2 EL Wasser unter die Linsenmasse heben. Fest andrücken und 10 Minuten ruhen lassen. • Unterdessen für die Suppe die **Zwiebel** schälen und klein würfeln. Die **Knoblauchzehe** schälen und hacken. Den **Sellerie** waschen, putzen und fein würfeln. Die **Oliven** entsteinen und halbieren. Das **Olivenöl** in einem Topf erhitzen, Zwiebeln, Knoblauch, Sellerie und Oliven darin etwa 2 Minuten scharf anbraten. • Geschälte **Tomaten** und **Agavendicksaft** dazugeben und mit **Zimt, Paprikapulver, Salz** und **Pfeffer** würzen. Einmal kräftig aufkochen, dann abgedeckt bei niedriger Hitze etwa 10 Minuten köcheln lassen, dabei gelegentlich umrühren. • Währenddessen aus der Linsenmasse acht gleich große Bällchen formen. Das **Olivenöl** in einer Pfanne erhitzen und die Bällchen darin bei mittlerer Hitze rundum anbraten. (Alternativ ohne Öl im vorgeheizten Backofen bei 175 °C Umluft 15–20 Minuten backen.) • In der Zwischenzeit für das Topping **Joghurt** und **Limettensaft** glatt rühren. Die **Cocktailtomaten** waschen und in Scheiben schneiden. Das **Basilikum** abbrausen, trocken schütteln und die Blätter abzupfen. • Die Suppe in zwei Schalen oder tiefe Teller füllen, die Linsenbällchen hineingeben und mit Tomatenscheiben und Joghurt toppen. Mit Basilikum bestreuen und genießen.

Nährwerte pro Portion: 494 kcal – KH 35 g, F 29 g, B 18 g, EW 20 g

Apfel-Walnuss-Pizza mit Oliven auf Sellerieboden

Zubereitungszeit
20 Minuten plus
30 Minuten Backen

Für 2 Portionen

Für den Sellerieboden
450 g Knollensellerie
50 g geschrotete Leinsamen

Für die Creme
200 g veganer Frischkäse Natur
Saft von 1 Zitrone
2 EL Hefeflocken
1 Prise Salz
1 Prise schwarzer Pfeffer aus der Mühle
evtl. etwas Pflanzenmilch Natur (z. B. Haferdrink)

Für den Belag
2 mittelgroße Äpfel (Sorte nach Belieben)
2 Frühlingszwiebeln
2 Zweige Rosmarin
30 g Walnusskerne
80 g Kalamata-Oliven mit Stein
1 Prise Chiliflocken
1 TL Olivenöl
1 Prise Salz
1 Prise frisch geriebene Muskatnuss

Außerdem
2 Pizzableche (Ø 25 cm; alternativ Backblech)

Den Backofen auf 220 °C Ober-/Unterhitze vorheizen. • Für den Sellerieboden den **Knollensellerie** schälen und mit der Küchenreibe fein in eine Schüssel reiben. **Leinsamen** und 4 EL Wasser dazugeben und gut vermengen. • Die Selleriemasse auf den beiden mit Backpapier ausgelegten Pizzablechen verteilen und fest andrücken, der Sellerieboden darf keine Löcher aufweisen. (Alternativ auf einem mit Backpapier belegten Backblech verteilen und andrücken.) In den vorgeheizten Ofen schieben und 15 Minuten vorbacken. • Währenddessen für die Creme den **Frischkäse** in eine Schüssel geben, **Zitronensaft, Hefeflocken, Salz** und **Pfeffer** hinzugeben und zu einer glatten Creme verrühren. Sollte sie zu fest sein, etwas Wasser oder **Pflanzendrink** unterrühren. • Für den Belag die **Äpfel** waschen, halbieren, nach Belieben entkernen und in etwa 5 mm kleine Würfel schneiden. Die **Frühlingszwiebeln** waschen, putzen und in feine Ringe schneiden (weiße und grüne Teile getrennt). Den **Rosmarin** abbrausen, trocken schütteln, die Nadeln abstreifen und hacken. Die **Walnüsse** ebenfalls hacken, die **Oliven** entsteinen und halbieren. • Apfelwürfel, weiße Frühlingszwiebelringe, Rosmarin, Walnüsse und Oliven in eine Schüssel geben, **Chiliflocken, Olivenöl** und **Salz** hinzufügen und vermengen. • Den vorgebackenen Sellerieboden gut mit der Frischkäsecreme bestreichen, die Apfelmischung darüber verteilen und weitere 15 Minuten backen. • Aus dem Ofen nehmen, die Pizzen mit den grünen Frühlingszwiebelringen bestreuen, mit **Muskat** würzen und heiß genießen.

TIPP Wer mag, gibt für eine großartige Optik und eine milde Pfeffernote noch ein paar rote Pfefferbeeren on top. Der Boden lässt sich wie jede andere Pizza ganz nach Belieben belegen. Wichtig ist, dass er 15 Minuten vorgebacken wird, da er sonst nicht zusammenhalten würde.

Nährwerte pro Portion: 693 kcal – KH 51 g, F 40 g, B 28 g, EW 21 g

Blumenkohlbuletten auf lieblichem Sauerkraut

Zubereitungszeit
30 Minuten

Für 2 Portionen
Für die Buletten
30 g geschrotete Leinsamen
½ kleinerer Blumenkohl
1 Zwiebel
100 g Kichererbsenmehl
2 EL Hefeflocken
½ TL Salz
2 Prisen schwarzer Pfeffer aus der Mühle
1½ EL Olivenöl
3 EL Senf
Für das Sauerkraut
1 kleine Zwiebel
½ kleine Birne
300 g Sauerkraut aus dem Glas
1 Lorbeerblatt
Rauchsalz
schwarzer Pfeffer aus der Mühle
3–4 Stängel glatte Petersilie

Für die Buletten die **Leinsamen** in eine Schale geben, mit 4 EL Wasser beträufeln und 20 Minuten quellen lassen. • Inzwischen für das Sauerkraut die **Zwiebel** schälen und klein würfeln. Die **Birne** waschen, entkernen und ebenfalls klein würfeln. • Das **Sauerkraut** in ein Sieb geben, kurz unter fließendem Wasser abbrausen (dadurch wird der Geschmack milder) und in einen Topf geben. Zwiebel- und Birnenwürfel, **Lorbeerblatt,** je eine Prise **Rauchsalz** und **Pfeffer** hinzufügen. Dann so viel Wasser angießen, bis es am Boden etwa 1 cm hoch steht, den Deckel auflegen, aufkochen und bei mittlerer Hitze 20 Minuten schmoren lassen. • Währenddessen den **Blumenkohl** waschen und grob raspeln (alternativ im Blitzhacker grob zerkleinern). Die **Zwiebel** schälen und grob reiben. Blumenkohl und Zwiebeln in eine Schüssel geben, **Kichererbsenmehl, Hefeflocken, Salz** und **Pfeffer** hinzugeben und gut vermengen. • Die Leinsamen in die Blumenkohlmasse rühren, gut vermischen und die Masse mit leicht angefeuchteten Händen zu sechs gleich großen Buletten formen. Das **Olivenöl** in einer Pfanne erhitzen und die Buletten darin von beiden Seiten jeweils 4–5 Minuten knusprig braten. • Inzwischen die **Petersilie** waschen, trocken schütteln und fein hacken. Das Lorbeerblatt aus dem Sauerkraut entfernen, die Petersilie unterheben und nach Belieben mit **Rauchsalz** und **Pfeffer** abschmecken. • Die Buletten mit dem Sauerkraut auf zwei Tellern anrichten, je einen Klecks **Senf** dazugeben und servieren.

TIPP

Die Buletten schmecken auch kalt fantastisch und eignen sich deshalb zum Mitnehmen. Am besten also gleich den kompletten Blumenkohl verarbeiten und die Buletten am Folgetag auf der Arbeit genießen.

Nährwerte pro Portion: 434 kcal – KH 36 g, F 17 g, B 21 g, EW 23 g

Aromatische Konjaknudelsuppe

Zubereitungszeit
20 Minuten

Für 2 Portionen

Für das Topping

- 40 g ungeröstete, ungesalzene Erdnusskerne
- 1 Frühlingszwiebel
- 1 rote Chili
- 3 Stängel Minze
- 3–4 Stängel glatte Petersilie
- 3–4 Stängel Basilikum
- 40 g Sprossen (Sorte nach Belieben)
- 1 Limette

Für die Suppe

- 1 rote Zwiebel
- ca. 4-cm-Stück Bioingwer
- 2 Sternanise
- 1 Zimtstange
- 1 Knoblauchzehe
- 1 ½ TL dunkle Misopaste
- 1 ½ EL Agavendicksaft (evtl. etwas mehr zum Abschmecken)
- 150 g TK-Edamame
- 200 g Konjaknudeln
- Salz
- schwarzer Pfeffer aus der Mühle

Für das Topping die **Erdnüsse** ohne Fett anrösten und beiseitestellen. • Parallel dazu für die Suppe die **Zwiebel** schälen und halbieren. Den **Ingwer** waschen und in dünne Scheiben schneiden. Beides mit **Sternanisen** und der **Zimtstange** in einem Wok oder einer Pfanne ohne Fett anrösten. • Währenddessen die **Knoblauchzehe** schälen, grob hacken und dazugeben, sobald die Zwiebeln leicht Farbe bekommen haben. 600 ml heißes Wasser, **Misopaste** und **Agavendicksaft** hinzufügen und abgedeckt etwa 15 Minuten bei mittlerer Hitze zu einer Brühe köcheln lassen. • Inzwischen die **Frühlingszwiebel** waschen, putzen und in feine Ringe schneiden. Die **Chili** waschen, entkernen und ebenfalls in feine Ringe schneiden. Die **Kräuter** waschen, trocken schütteln und die Blätter sehr fein hacken. Die **Sprossen** abbrausen und abtropfen lassen. Die **Limette** in dünne Spalten schneiden. • Die **Edamame** nach Packungsangaben garen. Die **Konjaknudeln** in ein Sieb geben, gründlich mit Wasser abbrausen und ebenfalls nach Packungsangaben garen. • Die fertige Brühe mit **Salz** und **Pfeffer** sowie **Agavendicksaft** abschmecken. Durch ein Sieb in einen anderen Topf abgießen, dann in zwei Suppenschalen füllen und die Edamame mit den Konjaknudeln dazugeben. • Frühlingszwiebeln, Chiliringe und Kräuter darüber verteilen, dann mit Erdnüssen und Sprossen toppen. Die Limettenspalten zum Beträufeln zur Suppe reichen und heiß genießen.

TIPP

Wer mag, gibt noch knusprige Tofuwürfel on top. Dafür 100 g Naturtofu in etwa 1 cm große Würfel schneiden, in etwas Sesamöl rundum knusprig anbraten und mit ½ TL 5-Gewürze-Pulver (Asia-Gewürzmischung) würzen.

Nährwerte pro Portion: 301 kcal – KH 26 g, F 14 g, B 7 g, EW 17 g

Rahmgeschnetzeltes zu knackigem Salat mit Feigen-Senf-Dressing

Zubereitungszeit
25 Minuten

Für 2 Portionen

Für den Salat

½ Kopf- oder Eisbergsalat
1 frische Feige (alternativ 1 getrocknete Feige)
200 g Sojajoghurt Natur
Saft von ½ Zitrone
1 ½ TL Senf
1 Prise Salz
1 Prise schwarzer Pfeffer aus der Mühle
einige Kräuterblätter (nach Belieben)

Für das Geschnetzelte

250 g grüner Spargel
1 Zwiebel
1 ½ EL Olivenöl
500 g braune Champignons
Salz
1 TL vegane Worcestershiresauce
1 ½ EL Cashewmus (alternativ weißes Mandelmus)
1 ½ TL Senf
½ TL edelsüßes Paprikapulver
350 g leichte Gemüsebrühe
3–4 Stängel glatte Petersilie
schwarzer Pfeffer aus der Mühle
Saft von ½ Zitrone

Den **Salat** waschen, trocken schütteln, in mundgerechte Stücke schneiden und in einer Schüssel beiseitestellen. • Für das Geschnetzelte den **Spargel** waschen, holzige Enden entfernen (etwa 2 cm) und in etwa 3 cm große Stücke schneiden. Die **Zwiebel** schälen, in Streifen schneiden und mit den Spargelstücken in einer Pfanne im **Olivenöl** 2–3 Minuten scharf anbraten. • In der Zwischenzeit die **Champignons** mit einem Küchentuch säubern, die Stiele etwas kürzen und vierteln. • Wenn Spargel und Zwiebeln leicht Farbe bekommen haben, die Champignons mit zwei Prisen **Salz** dazugeben und weitere 2 Minuten anbraten. • **Worcestershiresauce, Cashewmus, Senf** und **Paprikapulver** mit der **Gemüsebrühe** gut verrühren. Sobald die Pilze leicht gebräunt sind, dazugießen, einmal kräftig aufkochen und dann bei mittlerer Hitze etwa 4 Minuten leicht köcheln lassen. Sollte die Sauce zu dick werden, noch etwas Wasser dazugeben. • Inzwischen die **Feige** waschen, vierteln und mit **Joghurt, Zitronensaft, Senf, Salz** und **Pfeffer** im Standmixer zu einem glatten Dressing verarbeiten. (Alternativ den Stabmixer verwenden.) Über den vorbereiteten Salat träufeln, vermengen und auf zwei Schalen verteilen. Nach Belieben die **Kräuterblätter** abbrausen, trocken tupfen und über den Salat geben. • Die **Petersilie** waschen, trocken schütteln und fein hacken. • Geschnetzeltes kräftig mit **Salz** und **Pfeffer** abschmecken, **Zitronensaft** und Petersilie unterheben und mit dem Salat servieren.

TIPP

Dazu passt gegarter Basmatireis, der mit einem Klecks veganen Joghurt, einem Spritzer Zitrone und frischen Kräutern verfeinert wird.

Nährwerte pro Portion: 300 kcal – KH 18 g, F 16 g, B 9 g, EW 18 g

Wirsingrouladen mit Tomatensalat

Zubereitungszeit 20 Minuten plus ca. 40 Minuten Garen
Für 2 Portionen

Für die Rouladen
75 g Sojagranulat (Trockengewicht)
Salz
6 große Wirsingblätter
1 kleine Zwiebel
1 ½ EL Olivenöl
4–5 Stängel glatte Petersilie
60 g Kichererbsenmehl plus evtl. etwas mehr
1 TL Senf
½ TL edelsüßes Paprikapulver
½ TL getrockneter Majoran
schwarzer Pfeffer aus der Mühle
1 ½ EL Tomatenmark
500 g leichte Gemüsebrühe
1 ½ EL Cashewmus

Für den Salat
250 g Rispentomaten
1 kleine rote Zwiebel
2 Stängel Petersilie
1 ½ EL Olivenöl
1 ½ EL dunkler Balsamico-Essig
1 Prise Salz
1 Prise schwarzer Pfeffer aus der Mühle

Außerdem
Küchengarn

Für die Rouladen das **Sojagranulat** mit ¼ TL **Salz** in eine Schüssel geben und mit kochendem Wasser übergießen, sodass es leicht bedeckt ist. Mindestens 10 Minuten ziehen lassen. • Inzwischen **Salzwasser** in einem Topf zum Kochen bringen. Die dicke Mittelrippe der **Wirsingblätter** keilförmig etwas herausschneiden und die Blätter im kochenden Wasser 2 Minuten blanchieren. Herausheben, zwischen zwei Küchentücher legen und mit einem Nudelholz vorsichtig darüberrollen, sodass die Blätter beim Einwickeln nicht brechen. • Die **Zwiebel** schälen, fein würfeln und in ½ EL **Olivenöl** anschwitzen. Inzwischen die **Petersilie** abbrausen, trocken schütteln und fein hacken. • Das Sojagranulat in ein Sieb abgießen, gut ausdrücken und in eine Schüssel geben. Zwiebeln, Petersilie, **Kichererbsenmehl, Senf, Paprikapulver** und **Majoran** hinzugeben, gut vermengen und kräftig mit **Salz** und **Pfeffer** würzen. Die Masse sollte gut formbar sein, nach Bedarf mit etwas Wasser oder **Kichererbsenmehl** ausgleichen. • Je drei Kohlblätter leicht versetzt übereinanderlegen, jeweils die Hälfte der Sojamasse in die Mitte geben, die Seiten einschlagen, zu Rouladen aufrollen und mit Küchengarn zusammenbinden. Restliches **Olivenöl** in einer Pfanne erhitzen und die Rouladen darin rundum scharf anbraten. Das **Tomatenmark** dazugeben, kurz anrösten und mit der **Gemüsebrühe** ablöschen. Kurz aufkochen, den Deckel auflegen und bei mittlerer Hitze etwa 40 Minuten schmoren lassen. • Inzwischen für den Salat die **Tomaten** waschen und in mundgerechte Würfel schneiden, dabei die Stielansätze entfernen. Die **Zwiebel** schälen und fein würfeln. **Petersilie** abbrausen, trocken schütteln und fein hacken. Alles in eine Schüssel geben. Das **Olivenöl** gut mit **Balsamico-Essig, Salz** und **Pfeffer** verrühren, über den Salat träufeln, vermengen und in zwei Schalen füllen. • Die Rouladen aus der Pfanne nehmen und das Garn entfernen. Das **Cashewmus** in den Schmorsud rühren, einmal aufkochen lassen und mit **Salz** und **Pfeffer** abschmecken. • Die Rouladen mit der Sauce auf zwei Tellern anrichten und dazu den Tomatensalat servieren.

Nährwerte pro Portion: 476 kcal – KH 34 g, F 22 g, B 7 g, EW 32 g

TIPP Die Rouladen lassen sich super einfrieren, sodass du gleich mehr zubereiten kannst. Aus dem übrigen Wirsing lässt sich außerdem ein toller Gemüsesalat zaubern (siehe Seite 100).

Maiscremesuppe mit Kürbiskerngremolata

Zubereitungszeit
15 Minuten

Für 2 Portionen

Für die Suppe

1 Zwiebel
½ rote Chili
1 kleine rote Paprika
1 ½ EL Olivenöl
400 g leichte Gemüsebrühe
100 g veganer Frischkäse Natur
280 g Maiskörner aus der Dose (Abtropfgewicht)
½ TL gemahlene Kurkuma
Salz
schwarzer Pfeffer aus der Mühle

Für die Gremolata

½ Bund glatte Petersilie
20 g Kürbiskerne
Saft und abgeriebene Schale von ½ Biozitrone
1 Knoblauchzehe
1 TL Olivenöl
Salz

Für das Topping

6 Cocktailtomaten

Für die Suppe die **Zwiebel** schälen und klein würfeln. Die **Chili** waschen, entkernen und in dünne Ringe schneiden. Die **Paprika** waschen, entkernen und klein würfeln. Alles mit dem **Olivenöl** in einen Topf geben und 2 Minuten anschwitzen. • **Gemüsebrühe** und **Frischkäse** einrühren und kräftig aufkochen lassen. 2 EL **Maiskörner** beiseitestellen, den **Rest** mit Einlegewasser zur Brühemischung geben, mit **Kurkuma** würzen und abgedeckt bei mittlerer Hitze 8 Minuten köcheln lassen. • Währenddessen für die Gremolata die **Petersilie** waschen, trocken schütteln, fein hacken und in eine Schüssel geben. Die **Kürbiskerne** grob hacken und mit **Zitronensaft** und **Zitronenschale** hinzufügen. • Die **Knoblauchzehe** schälen, fein hacken und darüberstreuen. Mit dem **Olivenöl** beträufeln, mit **Salz** würzen und vermengen. • Nach der Garzeit die Suppenmischung mit dem Stabmixer im Topf glatt pürieren, mit **Salz** und **Pfeffer** abschmecken und den beiseitegestellten Mais einrühren. Den Deckel wieder aufsetzen und 2 Minuten ziehen lassen. • In der Zwischenzeit für das Topping die **Cocktailtomaten** waschen und in Scheiben schneiden. • Die Suppe in zwei Schalen füllen, mit Gremolata bestreuen, mit Tomatenscheiben toppen und servieren.

TIPP

Die Gremolata verfeinert eine Vielzahl von Gerichten, vor allem Pasta- und Kartoffelzubereitungen. Deshalb bereite ich immer eine größere Menge zu und bewahre sie gut verschlossen in einer Dose im Kühlschrank auf, wo sie sich 3–4 Tage hält.

Nährwerte pro Portion: 421 kcal – KH 44 g, F 23 g, B 11 g, EW 13 g

Linsenpasta mit Roten Beten und Spinat

Zubereitungszeit
15 Minuten

Für 2 Portionen

100 g Babyspinat oder junger Spinat
250 g Linsen-Fusilli (alternativ Erbsen- oder andere Hülsenfrucht-Fusilli)
Salz
1 rote Zwiebel
2 Knoblauchzehen
250 g gegarte Rote Beten (vakuumverpackt)
1 ½ EL Olivenöl
150 g Sojadrink Natur
1 ½ EL veganer Meerrettich aus dem Glas
schwarzer Pfeffer aus der Mühle
Saft von ½ Zitrone
30 g geschälte Hanfsamen
1 TL Hefeflocken
1 Prise Rauchsalz
15 g in Lake eingelegte Kapern

Den **Spinat** waschen und abtropfen lassen. • Die **Pasta** nach Packungsangaben in leicht **gesalzenem** Wasser gar kochen. • In der Zwischenzeit **Zwiebel** und **Knoblauchzehen** schälen und klein würfeln. Die **Roten Beten** ebenfalls klein würfeln. • Zwiebeln und Knoblauch mit dem **Olivenöl** in einen Topf geben und bei mittlerer Hitze glasig anschwitzen. Die Roten Beten hinzufügen, die Hitze erhöhen und 2 Minuten kräftig mit anbraten. • **Sojadrink** und **Meerrettich** dazugeben, mit je zwei Prisen **Salz** und **Pfeffer** würzen und kräftig aufkochen lassen. Den **Zitronensaft** hinzugeben und mit dem Stabmixer im Topf zu einer glatten Sauce pürieren. Die Hitze reduzieren. • Die fertig gegarte Linsenpasta aus dem Kochwasser heben, direkt in die Sauce geben und noch mal aufkochen lassen. Bei Bedarf noch etwas vom Nudelkochwasser dazugeben. • Den Spinat unter die Pasta heben, vom Herd nehmen und 1 Minute ziehen lassen. • Inzwischen **Hanfsamen, Hefeflocken** und **Rauchsalz** mischen. • Das Pastagericht auf zwei tiefe Teller verteilen und mit der Hanfsamenmischung bestreuen. Die **Kapern** darüber verteilen, etwas **Pfeffer** darübermahlen und sofort genießen.

VARIANTE mit Zucchininudeln

500 g Zucchini waschen, mit einem Spiralschneider (oder alternativ mit dem Sparschäler) zu Spaghetti oder Bandnudeln verarbeiten und diese 3 Minuten in der heißen Sauce ziehen lassen. Der Spinat entfällt bei dieser Zubereitung.

Nährwerte pro Portion: 299 kcal – KH 19 g, F 11 g, B 9 g, EW 11 g

Nährwerte pro Portion: 670 kcal – KH 77 g, F 16 g, B 7 g, EW 43 g

Gorillaburger mit gebratener Banane und marinierten Zwiebeln

Zubereitungszeit
20–25 Minuten

Für 2 Portionen

Für die Zwiebelringe

1 rote Zwiebel
1 ½ EL Himbeeressig
½ TL Agavendicksaft
1 kleine Prise Salz

Für Pattys und Banane

120 g Kidneybohnen aus der Dose (Abtropfgewicht)
30 g geschrotete Leinsamen (evtl. etwas mehr)
½ TL getrockneter Oregano
½ TL edelsüßes Paprikapulver
Salz
schwarzer Pfeffer aus der Mühle
1 ½ EL Olivenöl
1 kleine Banane

Für die Sauce

1 ½ EL Erdnussmus
Saft von ½ Limette
1 TL Agavendicksaft
1 TL veganes Sambal Oelek
1 Prise Salz

Für die Salatbasis

1 geröstete Paprika aus dem Glas
4 Blätter Lollo bionda (alternativ Kopfsalat)
1 Fleischtomate

Für die Zwiebelringe die **Zwiebel** schälen, in dünne Ringe schneiden und in eine Schale geben. **Essig, Agavendicksaft** und **Salz** darübergeben, mischen und beiseitestellen. • Für die Pattys die **Bohnen** kurz abtropfen lassen, mit 3 EL Wasser in einen Mixbecher geben und mit dem Stabmixer leicht stückig pürieren. **Leinsamen, Oregano** und **Paprikapulver** unterheben, kräftig mit **Salz** und **Pfeffer** abschmecken und 5 Minuten ruhen lassen. • Die Konsistenz der Pattymischung nach Bedarf mit etwas Wasser oder **Leinsamen** ausgleichen. Aus der Masse zwei gleich große Pattys formen und in einer Pfanne im **Olivenöl** bei mittlerer Hitze von beiden Seiten jeweils 3–4 Minuten knusprig anbraten. • Die **Banane** schälen, quer halbieren, dann jeweils längs in drei Scheiben schneiden. Mit in die Pfanne geben und ebenfalls von beiden Seiten bräunlich anbraten. • Währenddessen für die Sauce alle **Zutaten** glatt rühren. Nach Bedarf noch etwas Wasser zufügen. • Für die Salatbasis die **Paprika** etwas abtropfen lassen und in dünne Streifen schneiden. Den **Salat** waschen und trocken schütteln. Die **Tomate** waschen und in dünne Scheiben schneiden, dabei den Stielansatz entfernen. • Die Salatblätter auf zwei Teller verteilen und darauf die Tomatenscheiben anrichten. Paprikastreifen darübergeben, gefolgt vom Patty und von den Bananenstreifen. Die Zwiebeln direkt aus der Essigmischung heben und auf die Bananen geben. Die Sauce über die Pattys träufeln und heiß genießen.

TIPP

Von der Pattymasse kann gleich mehr zubereitet werden. Den überschüssigen Teig dann einfach als kleine Buletten zubereiten und für den kommenden Tag mit einigen Salatblättern als Mittagessen mit zur Arbeit nehmen.

Nährwerte pro Portion: 350 kcal – KH 29 g, F 17 g, B 24 g, EW 13 g

Süßkartoffel-Masala mit Tofu

Zubereitungszeit
25 Minuten

Für 2 Portionen
1 kleine Süßkartoffel
200 g Tofu Natur
1 rote Zwiebel
2 Knoblauchzehen
ca. 3-cm-Stück Bioingwer
1 ½ EL Olivenöl
1 ½ EL Garam Masala (Gewürzmischung)
2 TL gemahlener Kardamom
200 g stückige Tomaten aus der Dose
200 g Kokosmilch light aus der Dose
2 TL gemahlener Zimt
2 TL edelsüßes Paprikapulver
Salz
schwarzer Pfeffer aus der Mühle
4–5 Stängel glatte Petersilie (oder Koriander)
Saft von ½ Zitrone
60 g Sojajoghurt Natur
2 Prisen Chiliflocken (nach Belieben)

Die **Süßkartoffel** schälen und in etwa 1 cm große Würfel schneiden. Mit einem Küchentuch überschüssiges Wasser aus dem **Tofu** pressen und diesen ebenfalls in etwa 1 cm große Würfel schneiden. • Die **Zwiebel** schälen und in dünne Spalten schneiden. **Knoblauchzehen** und **Ingwer** schälen und grob hacken. Das **Olivenöl** in einer Pfanne erhitzen, Zwiebeln, Knoblauch und Ingwer darin bei mittlerer Hitze etwa 2 Minuten anschwitzen. • Die Süßkartoffelwürfel hinzugeben und 2 Minuten anbraten, bis sie leicht Farbe bekommen haben. Dann mit **Garam Masala** sowie **Kardamom** bestreuen und noch 2 Minuten braten. • **Tomaten, Kokosmilch, Zimt** und **Paprikapulver,** ½ TL **Salz** und zwei Prisen **Pfeffer** unterrühren. Kräftig aufkochen lassen, die Tofuwürfel unterheben, den Deckel aufsetzen und bei mittlerer Hitze etwa 12 Minuten köcheln lassen. Zwischendurch vorsichtig umrühren, sodass nichts anbrennt. Das Gericht ist fertig, wenn die Süßkartoffelwürfel weich sind. • Währenddessen die **Petersilie** abbrausen, trocken schütteln und fein hacken. Etwas davon zum Garnieren beiseitelegen. Restliche Petersilie und **Zitronensaft** unter das fertige Masala heben und nach Bedarf mit **Salz** und **Pfeffer** abschmecken. • In zwei Schüsseln oder tiefe Teller geben, den **Joghurt** leicht unterheben, sodass eine schöne Marmorierung entsteht, und mit der übrigen Petersilie bestreuen. Wer es etwas schärfer mag, streut noch **Chiliflocken** darüber.

TIPP

Das Rezept kann mit verschiedenen Gemüsesorten variiert werden, zum Beispiel mit Blumenkohl, Brokkoli, klassischen Kartoffeln, Karotten und Erbsen oder grünem Spargel – worauf du gerade Lust hast oder was dein Gemüsefach beziehungsweise die Saison hergibt.

Nährwerte pro Portion: 518 kcal – KH 41 g, F 27 g, B 10 g, EW 21 g

GARAM MASALA Das indische Garam Masala ist eine Gewürzmischung, die zum Beispiel Kardamom, Kreuzkümmel, Koriander, Zimt, Gewürznelken und Pfeffer enthält. Du findest sie mittlerweile in jedem gut sortierten Supermarkt. Der Begriff „Masala" wird sowohl für die Gewürzmischung als auch für das Gericht verwendet.

Sellerie-Tofu-Pfanne mit Mandel-Limetten-Sauce

Zubereitungszeit
20 Minuten

Für 2 Portionen
Für die Sellerie-Tofu-Pfanne
500 g Knollensellerie
100 g Räuchertofu
1 ½ EL Olivenöl
Salz
240 g Artischockenherzen aus der Dose (Abtropfgewicht)
6 getrocknete Tomaten
1 kleine rote Paprika
3 EL dunkler Balsamico-Essig
60 g Rucola
6 Cocktailtomaten
2 Frühlingszwiebeln
2 Stängel Oregano
schwarzer Pfeffer aus der Mühle
abgeriebene Schale von 1 Biolimette
Für die Sauce
Saft von 1 Limette
30 g weißes Mandelmus
1 Prise Salz
1 Prise schwarzer Pfeffer aus der Mühle

Für die Sellerie-Tofu-Pfanne den **Sellerie** schälen und in 5 mm große Würfel schneiden. Den **Tofu** klein würfeln. Das **Olivenöl** in einer Pfanne erhitzen, Sellerie und Tofu darin etwa 5 Minuten scharf anbraten, bis die Würfel leicht Farbe bekommen haben. Mit einer großzügigen Prise **Salz** würzen. • In der Zwischenzeit die **Artischockenherzen** abgießen und vierteln. Die **getrockneten Tomaten** in feine Streifen schneiden. **Paprika** waschen, entkernen und klein würfeln. • Die Selleriemischung mit dem **Balsamico-Essig** ablöschen, kurz einkochen lassen, dann Artischockenviertel, Tomatenstreifen und Paprikawürfel hinzugeben, gut vermengen und weitere 7 Minuten bei mittlerer Hitze braten, bis der Sellerie bissfest ist, dabei zwischendurch durchschwenken. • Währenddessen den **Rucola** waschen und trocken schütteln. Die **Cocktailtomaten** waschen und vierteln. Die **Frühlingszwiebeln** waschen, putzen und in feine Ringe schneiden. Den **Oregano** waschen, trocken schütteln und die Blätter abzupfen. Alles unter das fertig gebratene Gemüse heben. Kräftig mit **Salz** und **Pfeffer** abschmecken, die Pfanne vom Herd nehmen und etwa 1 Minute ruhen lassen. • Für die Sauce den **Limettensaft** mit dem **Mandelmus** glatt rühren, nach Bedarf etwas Wasser unterrühren, sodass eine homogene Sauce entsteht. Mit **Salz** und **Pfeffer** würzen. • Das Selleriegemüse auf zwei Teller geben, mit der Sauce beträufeln und mit **Limettenabrieb** bestreuen.

TIPP

Statt Sellerie kann man Kohlrabi verwenden. Diesen aber, in Würfel geschnitten, etwa 5 Minuten in leicht gesalzenem Wasser köcheln lassen, bevor er gebraten wird.

Nährwerte pro Portion: 418 kcal – KH 26 g, F 19 g, B 17 g, EW 21 g

Frischer Gemüse-One-Pot

Zubereitungszeit
20 Minuten

Für 4 Portionen
1 rote Zwiebel
1 kleiner Brokkoli
4 Stangen Staudensellerie
1 kleine rote Paprika
2 Knoblauchzehen
2 Zweige Rosmarin
1 ½ EL Olivenöl
500 g leichte Gemüsebrühe
800 g stückige Tomaten aus der Dose
1 Lorbeerblatt
1 EL Agavendicksaft
1 TL getrockneter Oregano
100 g Babyspinat
Saft von ½ Zitrone
60 g Sojajoghurt Natur
Salz
schwarzer Pfeffer aus der Mühle

Die **Zwiebel** schälen und fein würfeln. Den **Brokkoli** waschen und in kleine Röschen teilen, den Stiel schälen und fein würfeln. **Sellerie** waschen, putzen und in dünne Scheiben schneiden. Die **Paprika** waschen, entkernen und klein würfeln. Die **Knoblauchzehen** schälen und fein hacken. **Rosmarin** abbrausen und trocken schütteln. • Das **Olivenöl** in einem Topf erhitzen, Zwiebeln, Brokkolistielwürfel und Sellerie darin anschwitzen. Wenn die Zwiebelwürfel glasig sind, Brokkoliröschen, Paprika und Knoblauch dazugeben und kurz scharf mit anbraten. • Mit der **Gemüsebrühe** ablöschen, die **Tomaten** einrühren, Rosmarin, **Lorbeerblatt, Agavendicksaft** sowie **Oregano** hinzugeben und kräftig aufkochen lassen. Die Hitze reduzieren, den Deckel auflegen und bei mittlerer Hitze etwa 6 Minuten köcheln lassen. • Inzwischen den **Spinat** waschen und abtropfen lassen. Zum Eintopf geben und bei ausgeschaltetem Herd noch 2 Minuten ziehen lassen. Falls der Gemüse-One-Pot zu dickflüssig sein sollte, noch etwas heißes Wasser zugeben. • Vor dem Servieren Rosmarin und Lorbeerblatt entfernen, **Zitronensaft** sowie **Joghurt** unterheben und kräftig mit **Salz** und **Pfeffer** abschmecken.

Der Eintopf ist ein super Grundrezept für allerlei Gemüsereste, die noch so im Kühlschrank herumlungern. Hier können die Gemüsesorten, je nach Vorrat oder Saison, einfach ausgetauscht und nach Belieben angepasst werden. Einen Klecks veganen Joghurt gebe ich im Übrigen in fast all meine Suppen oder Eintöpfe, da er die Gerichte für mich erst so richtig rund macht und ihnen eine leckere seidige Konsistenz verleiht.

Nährwerte pro Portion: 142 kcal – KH 16 g, F 5 g, B 4 g, EW 7 g

Backkartoffel mit Remoulade und Bohnensalat

Zubereitungszeit 20 Minuten plus 60 Minuten Backzeit
Für 2 Portionen

Für die Backkartoffeln
2 Backkartoffeln
1 TL rote Pfefferbeeren

Für den Bohnensalat
300 g grüne Bohnen
30 g Olivenöl
Salz
3 EL dunkler Balsamico-Essig
1 ½ TL Senf
schwarzer Pfeffer aus der Mühle
1 rote Zwiebel
1 Stängel Bohnenkraut
40 g schwarze Oliven mit Stein
30 g Haselnusskerne
60 g Rucola

Für die Remoulade
150 g Sojajoghurt Natur
1 TL Senf
1 TL Apfelessig
1 Prise Kala Namak (Schwarzsalz)
1 Prise schwarzer Pfeffer aus der Mühle
½ kleine rote Zwiebel
1 kleine Gewürzgurke aus dem Glas
4–5 Stängel glatte Petersilie
¼ Bund Schnittlauch
10 g in Lake eingelegte Kapern

Den Backofen auf 175 °C Umluft vorheizen. • Die **Kartoffeln** gründlich waschen, trocken tupfen und auf ein mit Backpapier ausgelegtes Backblech setzen. • Für den Salat die **Bohnen** putzen, waschen und in eine Schüssel geben. 10 g (1 EL) **Olivenöl** und eine Prise **Salz** dazugeben, vermischen, neben den Kartoffeln auf dem Backblech verteilen und in den vorgeheizten Ofen schieben. Die Kartoffeln werden 60 Minuten gebacken, die Bohnen 25 Minuten. • In der Zwischenzeit in einer Salatschüssel restliches **Olivenöl, Balsamico-Essig, Senf** sowie je zwei Prisen **Salz** und **Pfeffer** verrühren. • Die **Zwiebel** schälen und in dünne Streifen schneiden. Das **Bohnenkraut** abbrausen, trocken schütteln und die Blätter abzupfen. Die **Oliven** entsteinen, halbieren und mit Zwiebelstreifen und Bohnenkrautblättern unter das Dressing heben. Die **Haselnüsse** grob hacken und ebenfalls untermischen. • Wenn die Bohnen fertig gebacken sind, sofort zum Dressing geben, vermengen und so lange ziehen lassen, bis die Kartoffeln fertig sind. • Inzwischen den **Rucola** waschen und abtropfen lassen. • Für die Remoulade **Joghurt, Senf, Essig, Kala Namak** und **Pfeffer** in einer Schüssel glatt rühren. Die **Zwiebel** schälen und fein würfeln. Die **Gewürzgurke** ebenfalls fein würfeln. Die **Petersilie** abbrausen, trocken schütteln und fein hacken. Den **Schnittlauch** waschen, trocken schütteln und in feine Röllchen schneiden. Die **Kapern** fein hacken. Alles zur Joghurtmischung geben und vermengen. • Kurz vor dem Servieren den Rucola unter den Bohnensalat heben und noch mal mit **Salz** und **Pfeffer** abschmecken. • Die Backkartoffeln auf zwei Teller setzen und leicht aufbrechen. Mit der Remoulade befüllen, die **Pfefferbeeren** darüberstreuen und den Bohnensalat daneben anrichten.

Nährwerte pro Portion: 526 kcal – KH 46 g, F 30 g, B 7 g, EW 15 g

Rote-Bete-Wrap mit würziger Tofu-Orangen-Füllung

Zubereitungszeit
15 Minuten

Für 2 Portionen
250 g Räuchertofu
1 ½ TL Erdnuss- oder Sesamöl
1 ½ TL veganes Sambal Oelek
1 EL Sojasauce
1 kleiner Radicchio
50 g Mungbohnensprossen
1 kleine Orange
2 Rote-Bete-Tortillas (aus dem Kühlregal)
50 g veganer Frischkäse Natur
30 g ungeröstete, ungesalzene Erdnusskerne

Den **Tofu** in sehr dünne Scheiben schneiden. Das **Erdnussöl** in einer Pfanne erhitzen und den Tofu darin von beiden Seiten etwa 4 Minuten knusprig anbraten. Mit **Sambal Oelek** und **Sojasauce** würzen und vom Herd nehmen. • Inzwischen den **Radicchio** waschen, trocken schütteln und in feine Streifen schneiden. Die **Sprossen** waschen und abtropfen lassen. Die **Orange** so schälen, dass auch die weiße Haut entfernt wird, und die Fruchtfleischsegmente herausschneiden. • Die **Tortillas** ausbreiten, quer über die Mitte mit dem **Frischkäse** bestreichen und mit dem Tofu belegen. Darauf Salat, Sprossen, Orangenfilets und **Erdnusskerne** verteilen. Die Seiten ein wenig einschlagen, fest aufrollen, dann schräg halbieren und die Wraps genießen.

VARIANTE mit alternativen „Tortillas"
Du kannst auch große Wirsingblätter als Tortilla verwenden. Dafür die einzelnen Blätter in Salzwasser etwa 4 Minuten leicht köcheln lassen, dann zwischen zwei Küchentücher legen und mit einem Nudelholz vorsichtig darüberrollen, sodass sie später beim Einwickeln nicht mehr brechen. Nach Belieben füllen, aufrollen und frisch genießen, zum Beispiel mit Gyros (siehe Seite 159).

TIPP

Rote-Bete-Tortillas findet man in gut sortierten Supermärkten im Kühlregal, in der Regel bei den Fertigteigen. Diese gesunden und oft glutenfreien Gemüse-Tortillas gibt es auch auf Basis von Karotten oder Pastinaken. Sie beinhalten den Trester des jeweiligen Gemüses, also die festen Überbleibsel von der Saftproduktion. Das ist nicht nur gesund, sondern auch nachhaltig.

Nährwerte pro Portion: 504 kcal – KH 20 g, F 20 g, B 16 g, EW 33 g

Jackpot – deftiger Eintopf mit Jackfruit und Weißkohl

Zubereitungszeit
20 Minuten plus ca.
20 Minuten Garen

Für 4 Portionen
15 g getrocknete Steinpilze
1 Gemüsezwiebel
1 ½ EL Olivenöl
1 Knoblauchzehe
220 g Jackfruit aus der Dose (Abtropfgewicht)
1 TL Paprikamark (alternativ Tomatenmark)
100 g Traubensaft
3 EL dunkler Balsamico-Essig
½ kleiner Weißkohl
200 g Passata
150 g leichte Gemüsebrühe
30 g vegane Worcestershiresauce
1 TL edelsüßes Paprikapulver
1 TL getrockneter Majoran
Salz
schwarzer Pfeffer aus der Mühle
½ Biozitrone
½ Bund glatte Petersilie

Die **Steinpilze** in eine kleine Schale geben, mit kaltem Wasser bedecken und etwa 15 Minuten einweichen. • Inzwischen die **Zwiebel** schälen und grob würfeln. ½ EL **Olivenöl** in einem Topf erhitzen und die Zwiebeln darin bei mittlerer Hitze etwa 2 Minuten glasig anschwitzen. • Währenddessen die **Knoblauchzehe** schälen und fein hacken. Die **Jackfruit-Stücke** abgießen, das Fruchtfleisch mit zwei Gabeln zerzupfen, mit dem Knoblauch zu den Zwiebeln geben und etwa 1 Minute scharf anbraten. • Das **Paprikamark** dazugeben, kurz anrösten, mit **Traubensaft** und **Balsamico-Essig** ablöschen und bei mittlerer Hitze etwa 6 Minuten einköcheln lassen. • Inzwischen den **Weißkohl** waschen und in sehr feine Streifen schneiden. Wenn die Flüssigkeit gut eingekocht ist, die Jackfruit-Mischung aus dem Topf in eine Schüssel geben und beiseitestellen. • Restliches **Olivenöl** in den Topf geben und den Weißkohl darin scharf anbraten, bis er schön gebräunt ist und nach Röstaromen duftet. • Die Jackfruit-Mischung wieder in den Topf geben, **Passata, Gemüsebrühe** und Steinpilze mit Einweichwasser hinzufügen. Dann **Worcestershiresauce, Paprikapulver, Majoran** und je eine Prise **Salz** und **Pfeffer** einrühren. Die **Zitronenhälfte** auspressen und den Saft beiseitestellen. Die ausgepresste Zitronenhälfte mit in den Topf geben, den Deckel auflegen und etwa 20 Minuten köcheln lassen. • Kurz vor dem Servieren die **Petersilie** abbrausen, trocken schütteln und fein hacken. Die Zitronenhälfte aus dem Jackpot entfernen, Zitronensaft und gehackte Petersilie unterheben und nach Belieben mit **Salz** und **Pfeffer** abschmecken.

Nährwerte pro Portion: 165 kcal – KH 22 g, F 6 g, B 5 g, EW 5 g

Kernige Gemüselasagne mit Basilikumpesto

Zubereitungszeit 30 Minuten plus 45 Minuten Backen
Für 4 Portionen

Für die Lasagne
750 g Karotten
1 Porreestange
6 getrocknete Tomaten
500 g Zucchini
1 ½ EL Olivenöl
50 g Sonnenblumenkerne
240 g weiße Bohnen aus der Dose (Abtropfgewicht)
1 TL getrockneter Oregano
3 EL dunkler Balsamico-Essig
Salz
schwarzer Pfeffer aus der Mühle
1 Fleischtomate

Für die Sauce
500 g Sojadrink Natur
30 g Cashewmus
2 EL Hefeflocken
2 Prisen Salz
1 Prise frisch geriebene Muskatnuss

Für das Pesto
1 Topf Basilikum
1 Knoblauchzehe
30 g Hanfsamen (alternativ Cashew- oder Pinienkerne)
Saft von ½ Zitrone
1 EL Hefeflocken
¼ TL Chiliflocken
Salz
schwarzer Pfeffer aus der Mühle

Außerdem
1 Auflaufform (ca. 15 × 25 cm)

Den Backofen auf 175 °C Umluft vorheizen. • Für die Lasagne die **Karotten** gut waschen oder schälen, dann klein würfeln. Den **Porree** putzen, längs vierteln, gut waschen und ebenfalls klein würfeln. Die getrockneten **Tomaten** in feine Streifen schneiden. **Zucchini** waschen und längs in sehr dünne lange Scheiben schneiden. • Das **Olivenöl** in einem Topf erhitzen, Karotten, Porree, Tomaten und **Sonnenblumenkerne** darin etwa 3 Minuten scharf anbraten, dabei zwischendurch durchschwenken. • Inzwischen die **Bohnen** in ein Sieb abgießen und abtropfen lassen, dabei das Aquafaba (Bohnenwasser) auffangen. • Bohnen, **Oregano, Balsamico-Essig** sowie je zwei Prisen **Salz** und **Pfeffer** zum Gemüse geben und bei mittlerer Hitze weitere 3 Minuten braten. • In der Zwischenzeit für die Sauce den **Sojadrink** mit **Cashewmus** und **Hefeflocken** in einem Topf aufkochen, dabei gelegentlich durchrühren. Mit **Salz** und **Muskat** abschmecken. • In die Auflaufform zunächst etwas Sauce geben, dann eine Lage Zucchinischeiben leicht überlappend hineinschichten. Darauf etwas Gemüsemischung geben, mit Zucchinischeiben bedecken, ohne Sauce weiterschichten und mit Gemüsemischung abschließen. • Nun die Sauce vorsichtig darübergießen und an der Auflaufform etwas rütteln, sodass sich die Sauce gut verteilt. • Die **Tomate** waschen, den Stielansatz entfernen, in dünne Scheiben schneiden und die Lasagne damit bedecken. In den vorgeheizten Backofen auf die mittlere Schiene geben und 45 Minuten backen. • Für das Pesto die **Basilikumstängel** abschneiden, abspülen, trocken schütteln und die Blätter abzupfen, dabei einige Blätter zum Garnieren beiseitestellen. Die **Knoblauchzehe** schälen, mit restlichem Basilikum, **Hanfsamen, Zitronensaft, Hefeflocken, Chiliflocken** und 3 EL Bohnen-Aquafaba in den Standmixer geben und zu einem glatten Pesto verarbeiten. (Alternativ den Stabmixer verwenden.) Mit **Salz** und **Pfeffer** abschmecken. • Aus dem Ofen nehmen, die Lasagne mit dem Pesto toppen und mit Basilikum garnieren.

Nährwerte pro Portion: 437 kcal – KH 33 g, F 21 g, B 20 g, EW 21 g

Süßsaure Blumenkohl-cremesuppe

Zubereitungszeit
25 Minuten

Für 4 Portionen
1 süßlicher Apfel (z. B. Gala oder Golden Delicious)
1 Gemüsezwiebel
1 kleinerer Blumenkohl
1 ½ EL Olivenöl
1 Knoblauchzehe
Salz
800 g leichte Gemüsebrühe
80 g Gewürzgurkensud aus dem Glas
20 g Apfelessig
1 EL Senf
175 g Räuchertofu
5–6 Gewürzgurken aus dem Glas
1 Bund Schnittlauch
Saft von ½ Zitrone
¼ TL Cayennepfeffer plus etwas zum Abschmecken
1 ½ EL Agavendicksaft
150 g Sojajoghurt Natur
1 Prise frisch geriebene Muskatnuss

Den **Apfel** waschen, Blütenansatz und Stiel entfernen, dann samt Kerngehäuse klein würfeln. Die **Zwiebel** schälen und klein würfeln. Welke Blätter vom **Blumenkohl** entfernen, den Strunk etwas kürzen und waschen. Dann den Blumenkohl samt knackigen Blättern und Strunk klein schneiden. • 1 EL **Olivenöl** in einem Topf erhitzen, Äpfel und Zwiebeln darin etwa 2 Minuten scharf anbraten. Inzwischen die **Knoblauchzehe** schälen und fein hacken. Mit dem Blumenkohl und einer Prise **Salz** in den Topf geben und 3 weitere Minuten scharf anbraten. • Mit der **Gemüsebrühe** ablöschen, **Gurkensud, Essig** und **Senf** unterrühren, den Deckel auflegen und bei mittlerer Hitze 10 Minuten köcheln lassen. • Währenddessen den **Tofu** fein würfeln, in einer Pfanne im restlichen **Olivenöl** knusprig anbraten und vom Herd nehmen. • Die **Gewürzgurken** klein würfeln. Den **Schnittlauch** abbrausen, trocken schütteln und in feine Röllchen schneiden. Jeweils etwas Gewürzgurke und Schnittlauchröllchen zum Garnieren beiseitestellen. • Die Blumenkohlmischung mit dem Stabmixer glatt pürieren, restliche Gurkenwürfel, **Zitronensaft, Cayennepfeffer, Agavendicksaft, Joghurt** und Tofuwürfel hineingeben und bei ausgeschaltetem Herd abgedeckt 3 Minuten ziehen lassen. • Mit **Salz** und **Cayennepfeffer** abschmecken, die Schnittlauchröllchen einrühren und die Suppe in vier Schalen füllen. Mit den beiseitegestellten Gurkenwürfeln und Schnittlauchröllchen garnieren, mit **Muskat** bestreuen und genießen.

Nährwerte pro Portion: 252 kcal – KH 22 g, F 7 g, B 8 g, EW 17 g

Portobello-Burger mit Tempeh, cremiger Curry-Mandel-Mayo und Zwiebelsalat

Zubereitungszeit
30 Minuten plus mind.
6 Stunden Marinieren
Für 2 Portionen

Für den Zwiebelsalat

1 Gemüsezwiebel
½ größerer Apfel
1 EL dunkler Balsamico-Essig
1 ½ EL Olivenöl
Salz
schwarzer Pfeffer aus der Mühle
3 Stängel glatte Petersilie
30 g Walnusskerne

Für die Pilz-Burger

4 Portobello-Champignons
Salz
1 TL Olivenöl

Für den Burger-Belag

100 g Tempeh
1 TL Olivenöl
1 EL dunkler Balsamico-Essig
Salz
schwarzer Pfeffer aus der Mühle
1 Handvoll Rucola
½ Minisalatgurke
4 Scheiben Fleischtomate
10 g Kokosraspel

Für die Mayo

30 g weißes Mandelmus
1 ½ TL vegane rote Currypaste
Saft von ½ Limette
1 Prise Salz
1 Prise schwarzer Pfeffer aus der Mühle

Für den Zwiebelsalat die **Gemüsezwiebel** schälen, halbieren und in dünne Streifen schneiden. Den **Apfel** waschen, nach Belieben entkernen und in dünne Stifte schneiden. Den **Balsamico-Essig** mit **Olivenöl** und 2 EL Wasser in einer Schale verrühren und mit **Salz** und **Pfeffer** würzen. Zwiebeln und Apfel unterheben und im Kühlschrank mindestens 6 Stunden marinieren (am besten über Nacht). • Nach der Marinierzeit für die Pilz-Burger die **Portobellos** mit einem Küchentuch säubern und die Stiele entfernen. Von beiden Seiten leicht **salzen** und etwa 10 Minuten ziehen lassen. • Währenddessen für den Burger-Belag den **Tempeh** in 1 cm dicke Scheiben schneiden. Das **Olivenöl** erhitzen und den Tempeh darin von beiden Seiten goldbraun anbraten. Mit **Balsamico-Essig** beträufeln, die Scheiben darin wenden und mit **Salz** und **Pfeffer** würzen. • Für die Mayo das **Mandelmus** mit 2 EL Wasser, **Currypaste, Limettensaft, Salz** und **Pfeffer** in einer Schale glatt rühren und beiseitestellen. • Das **Olivenöl** für die Portobellos in einer zweiten Pfanne erhitzen und die Pilze darin bei mittlerer Hitze von beiden Seiten 4–5 Minuten braten. • Inzwischen den **Rucola** waschen und trocken schütteln. Die **Gurke** waschen und in Scheiben schneiden. • Vom Zwiebelsalat etwas ausgetretene Flüssigkeit abgießen. Die **Petersilie** waschen, trocken schütteln und grob hacken. Die **Walnüsse** ebenfalls grob hacken, beides unter den Zwiebelsalat heben und in zwei Schalen füllen. • Zwei fertig gebratene Portobellos mit den offenen Seiten nach oben auf zwei Teller legen und mit Rucola, Gurken- und **Tomatenscheiben** sowie Tempeh belegen. Mit der Mayo beträufeln und mit **Kokosraspeln** bestreuen. Die restlichen Portobellos mit den offenen Seiten nach unten aufsetzen, die Portobello-Burger mit Holzspießen fixieren und mit dem Zwiebelsalat genießen.

Nährwerte pro Portion: 550 kcal – KH 24 g, F 38 g, B 10 g, EW 22 g

Mexikanischer Bohnentopf mit marinierten Zucchini

Zubereitungszeit 20 Minuten plus ca. 20 Minuten Garen
Für 4 Portionen

Für den Bohnentopf
1 Gemüsezwiebel
2 Knoblauchzehen
1 mittelgroße rote oder grüne Chili
1 ½ EL Olivenöl
20 g Tomatenmark
250 g alkoholfreier Rotwein
800 g stückige Tomaten aus der Dose
510 g Kidneybohnen aus der Dose (Abtropfgewicht)
285 g Maiskörner aus der Dose (Abtropfgewicht)
1 TL Cayennepfeffer
1 TL edelsüßes Paprikapulver
1 TL gemahlener Kreuzkümmel (Cumin)
3 TL getrockneter Oregano
1 TL Rauchsalz (alternativ herkömmliches Salz und einige Tropfen Liquid Smoke)
1 ½ EL Kakaopulver
1 kleine rote Paprika
1 kleine grüne Paprika
Salz
schwarzer Pfeffer aus der Mühle

Für die Zucchini
1 Zucchini
3 Stängel Minze
1 Biolimette
1 Prise Salz
1 Prise schwarzer Pfeffer aus der Mühle

Für den Bohnentopf **Zwiebel** und **Knoblauchzehen** schälen und grob würfeln. Die **Chili** waschen, entkernen und in feine Ringe schneiden. Das **Olivenöl** in einem Topf erhitzen, Zwiebeln, Knoblauch und Chili darin auf mittlerer Stufe anschwitzen, bis die Zwiebeln leicht glasig sind. • Das **Tomatenmark** hinzufügen und etwa 1 Minute mitrösten. Mit dem **Rotwein** ablöschen und etwa 2 Minuten etwas einreduzieren. • **Tomaten, Bohnen** (samt Flüssigkeit) und **Mais** dazugeben, mit **Cayennepfeffer, Paprikapulver, Kreuzkümmel, Oregano, Salz** und **Kakaopulver** würzen und kräftig aufkochen lassen. • Inzwischen beide **Paprika** waschen, entkernen, in mundgerechte Stücke schneiden und mit in den Topf geben. Gut umrühren, den Deckel auflegen und bei mittlerer Hitze etwa 20 Minuten köcheln lassen. • In der Zwischenzeit die **Zucchini** waschen und in eine Schüssel raspeln. Die **Minze** waschen, trocken schütteln und die Blätter fein hacken. Die **Limette** waschen, halbieren und eine Hälfte auspressen. Minze, Limettensaft, **Salz** und **Pfeffer** zu den Zucchiniraspeln geben, vermengen und so lange ziehen lassen, bis der Bohnentopf fertig ist. Die übrige Limettenhälfte in Spalten schneiden. • Den Bohnentopf mit **Salz** und **Pfeffer** abschmecken, in vier tiefe Teller oder Schalen geben und die marinierten Zucchini in die Mitte setzen. Mit Limettenspalten garnieren und heiß genießen.

TIPP Wer es noch schärfer mag, haut direkt eine zweite Chili mit in das Gericht oder justiert zum Schluss noch mit Chiliflocken oder einer feurigen Sauce nach. Eine besondere Note erhält das Gericht durch 1 EL veganen Hüttenkäse (siehe Seite 68) on top.

Nährwerte pro Portion: 331 kcal – KH 48 g, F 8 g, B 16 g, EW 16 g

Rosenkohl-Kürbis-Gratin mit Gurken-Karotten-Salat

Zubereitungszeit
20 Minuten plus ca.
30 Minuten Backen

Für 2 Portionen

Für das Gratin

400 g Rosenkohl
1 große rote Zwiebel
250 g Butternut-Kürbis
1 kleine rote Paprika
1 Knoblauchzehe
Saft von 1 Zitrone
45 g Cashewmus
1 ½ EL vegane rote Currypaste
schwarzer Pfeffer aus der Mühle
Rauchsalz

Für den Salat

1 kleinere Salatgurke
2 mittelgroße Karotten
30 g Senf
30 g Weißweinessig
½ TL Agavendicksaft
1 ½ TL Sesamöl
Salz
schwarzer Pfeffer aus der Mühle
½ Bund Dill

Außerdem

1 Auflaufform (ca. 25 × 15 cm)

Den Backofen auf 220 °C Ober-/Unterhitze vorheizen. • Den **Rosenkohl** putzen, waschen und abtropfen lassen. Die **Zwiebel** schälen und vierteln. Den **Kürbis** entkernen, waschen, ungeschält in etwa 1 cm große Würfel schneiden und mit Zwiebeln und Rosenkohl in die Auflaufform geben. • **Paprika** waschen, entkernen und grob würfeln. Die **Knoblauchzehe** schälen und grob in Stücke schneiden. Paprika, Knoblauch, **Zitronensaft, Cashewmus, Currypaste,** 1 ½ TL **Rauchsalz** und 250 ml Wasser in einen Mixbecher geben und mit dem Stabmixer zu einer glatten Sauce verarbeiten. Mit **Pfeffer** und **Rauchsalz** kräftig abschmecken. • Die Sauce über das Gemüse geben, die Auflaufform in den vorgeheizten Ofen geben und etwa 30 Minuten backen. • In der Zwischenzeit für den Salat die **Gurke** waschen, längs halbieren, quer in dünne Scheiben schneiden und in eine Schüssel geben. Die **Karotten** gut waschen oder schälen, grob raspeln und zur Gurke hinzufügen. • **Senf, Essig, Agavendicksaft** und **Sesamöl** mit einem Schneebesen glatt rühren, das Dressing kräftig mit **Salz** und **Pfeffer** abschmecken, über die Gurken-Karotten-Mischung träufeln und vermengen. • Den **Dill** abbrausen, trocken schütteln, mit Stielen fein hacken, unter den Salat heben und so lange ziehen lassen, bis das Gratin fertig ist. • Das Gratin aus dem Ofen nehmen, kurz ruhen lassen und mit dem Salat servieren.

TIPP

Auch vom Butternut-Kürbis kann die Schale mitgegessen werden. Der Kürbis muss nur lange genug garen oder backen – wie hier –, da die Schale recht fest ist.

Nährwerte pro Portion: 436 kcal – KH 45 g, F 17 g, B 18 g, EW 18 g

Gyros-Teller mit Zaziki

Zubereitungszeit
30 Minuten

Für 2 Portionen

Für das Zaziki

1 mittelgroße Salatgurke
250 g vegane Quarkalternative Natur
1 ½ EL Olivenöl
Saft von ½ Zitrone
2 Knoblauchzehen
1 Bund Dill
Salz
schwarzer Pfeffer aus der Mühle

Für das Gyros

150 g Sojaschnetzel
Salz
1 große rote Zwiebel
2 kleine Paprika (Farbe nach Wahl)
3–4 Stängel glatte Petersilie
1 ½ EL Olivenöl
1 TL getrockneter Thymian
1 TL getrockneter Oregano
1 TL getrockneter Majoran
1 TL edelsüßes Paprikapulver
schwarzer Pfeffer aus der Mühle

Für die Salatbeilage

2 Rispentomaten
½ Eisbergsalat
40 g entsteinte schwarze Oliven

Für das Zaziki die **Gurke** waschen, mit der Küchenreibe grob raspeln und bis zur weiteren Verwendung in einem Sieb abtropfen lassen. • Für das Gyros die **Sojaschnetzel** mit ½ TL **Salz** in eine Schüssel geben, mit kochendem Wasser übergießen und etwa 10 Minuten quellen lassen. • Währenddessen die **Zwiebel** schälen und in dünne Ringe schneiden. Beide **Paprika** waschen, entkernen und in dünne, lange Streifen schneiden. Die **Petersilie** abbrausen, trocken schütteln, fein hacken und beiseitestellen. • Für die Salatbeilage die **Tomaten** waschen und in Scheiben schneiden, dabei die Stielansätze wegschneiden. Den **Salat** waschen und trocken schütteln. Beiseitestellen. • Die Schnetzel in ein Sieb abgießen und mit den Händen kräftig ausdrücken. Das **Olivenöl** in einer Pfanne erhitzen und die Schnetzel darin 3 Minuten kräftig anbraten. Wenn sie leicht Farbe haben, Zwiebeln und Paprika dazugeben und bei mittlerer Hitze weitere 4 Minuten braten, dabei gelegentlich durchschwenken. • Inzwischen in einer Schüssel den **Quark** mit **Olivenöl** und **Zitronensaft** glatt rühren. Die **Knoblauchzehen** schälen, fein hacken und hinzugeben. Den **Dill** abbrausen, trocken schütteln, fein hacken und ebenfalls in die Schüssel geben. Die Gurkenraspel mit den Händen kräftig ausdrücken, zum Quark geben, vermengen, mit **Salz** und **Pfeffer** abschmecken und das Zaziki in zwei Schalen füllen. • Die **Gewürze** über die Schnetzel-Mischung streuen, umrühren, mit **Salz** und **Pfeffer** kräftig abschmecken und 1 Minute ziehen lassen. • Den beiseitegestellten Eisbergsalat in feine Streifen schneiden, mit Tomatenscheiben und **Oliven** am Rand von zwei Tellern anrichten. • Die gehackte Petersilie unter das Gyros heben, auf die Teller verteilen und mit dem Zaziki servieren.

Nährwerte pro Portion: 635 kcal – KH 40 g, F 29 g, B 5 g, EW 51 g

Würzige Kürbis-Birnen-Pfanne zu bunter Quinoa und Sprossensalat

Zubereitungszeit 20 Minuten

Für 2 Portionen

Für die Quinoa

50 g bunte Quinoa
30 g geschälte Hanfsamen
Saft von 1 Limette

Für die Kürbis-Birnen-Pfanne

1 kleiner Hokkaido-Kürbis
1 rote Zwiebel
1 kleine rote Chili
1 TL Fenchelsamen
1 ½ EL Olivenöl
½ TL Rauchsalz
1 kleine Birne
1 TL vegane Worcestershiresauce
4–5 Stängel glatte Petersilie
Salz
schwarzer Pfeffer aus der Mühle

Für den Sprossensalat

50 g gemischte Sprossen
2 Frühlingszwiebeln
1 TL Sesamöl
5 g Sesamsaat
1 Prise grobes Salz

Die **Quinoa** in ein feines Sieb geben, kalt abbrausen und nach Packungsangaben in Wasser garen. • In der Zwischenzeit den **Kürbis** waschen, halbieren, entkernen und in etwa 1 cm große Würfel schneiden. Die **Zwiebel** schälen und in feine Streifen schneiden. Die **Chili** waschen, entkernen und in dünne Ringe schneiden. • Die **Fenchelsamen** ohne Fett in einer Pfanne anrösten, bis sie leicht bräunlich werden. **Olivenöl,** Kürbiswürfel, Zwiebeln und Chiliringe mit in die Pfanne geben und etwa 3 Minuten scharf anbraten. **Rauchsalz** und 50 ml Wasser dazugeben, den Deckel auflegen und bei mittlerer Hitze etwa 6 Minuten schmoren lassen. • Währenddessen für den Sprossensalat die **Sprossen** abbrausen und abtropfen lassen. Die **Frühlingszwiebeln** waschen, putzen, in feine Ringe schneiden und in eine Schüssel geben. Sprossen, **Sesamöl, Sesam** und **Salz** hinzufügen und vermengen. • Die **Birne** waschen, vierteln, entkernen, klein würfeln und nach der Garzeit (der Kürbis sollte leicht bissfest sein) in die Pfanne geben. Die **Worcestershiresauce** darüberträufeln und ohne Deckel noch 3 Minuten braten. • Inzwischen die **Petersilie** waschen, trocken schütteln, fein hacken und kurz vor dem Servieren unterheben. Mit **Salz** und **Pfeffer** abschmecken. • **Hanfsamen** und **Limettensaft** unter die gegarte Quinoa heben. • Kürbis-Birnen-Pfanne, Quinoa und Salat jeweils nebeneinander in zwei Schalen anrichten und servieren.

Dieses Gericht schmeckt auch kalt sehr gut. Also am besten gleich die doppelte Menge zubereiten und einen Teil davon am kommenden Tag mit auf Arbeit nehmen. Kürbis-Birnen-Pfanne und Quinoa kannst du dann miteinander vermengen, den Salat aber extra verpacken.

Nährwerte pro Portion: 396 kcal – KH 41 g, F 16 g, B 12 g, EW 11 g

Wurzelgemüsespaghetti mit Zuckerschoten und kernigem Topping

Zubereitungszeit
25 Minuten

Für 2 Portionen
400 g Karotten
200 g Pastinake
3 Frühlingszwiebeln
150 g Zuckerschoten
1 ½ EL Olivenöl
350 g leichte Gemüsebrühe
1 ½ EL Mandelmus
½ Bund Dill
Salz
25 g Kürbiskerne
25 Sonnenblumenkerne
1 EL rote Pfefferbeeren
Außerdem
Spiralschneider

Karotten gut waschen oder schälen, **Pastinake** schälen und alles mit dem Spiralschneider zu Gemüsespaghetti verarbeiten. (Alternativ mit dem Sparschäler feine Streifen abziehen.) • Die **Frühlingszwiebeln** waschen, putzen und in feine Ringe schneiden. Die **Zuckerschoten** waschen und in feine Streifen schneiden. • Das **Olivenöl** in einer Pfanne erhitzen. Einige Zuckerschotenstreifen zum Garnieren beiseitestellen. Restliche Streifen mit den Frühlingszwiebeln in die Pfanne geben und 1 Minute scharf anbraten. • **Gemüsebrühe** und **Mandelmus** unterrühren, kurz aufkochen und etwas eindicken lassen. Dann die Gemüsespaghetti unterheben und bei mittlerer Hitze etwa 3 Minuten köcheln lassen, nach Bedarf etwas Wasser dazugeben. • Inzwischen den **Dill** abbrausen, trocken schütteln, fein hacken, unter die fertigen Spaghetti heben und mit **Salz** abschmecken. • Die Gemüsespaghetti auf zwei tiefe Teller geben und mit **Kürbiskernen, Sonnenblumenkernen, Pfefferbeeren** und beiseitegelegten Zuckerschotenstreifen garnieren.

TIPP

Die Spaghetti können aus verschiedenen Gemüsesorten geschnitten werden, zum Beispiel aus Zucchini, Roten Beten, Kohlrabi und Süßkartoffeln. Ich mag die Gemüsespaghetti am liebsten schön knackig, wer sie lieber etwas weicher haben möchte, der dämpft sie etwa 15 Minuten über einem köchelnden Wasserbad, bevor sie in die Pfanne kommen. Auf das Garen in kochendem Wasser würde ich verzichten, da einiges an Vitaminen, Geschmack und auch Farbe im Wasser verbleibt.

Nährwerte pro Portion: 420 kcal – KH 29 g, F 26 g, B 15 g, EW 15 g

Geschmorter Spitzkohl mit gerösteten schwarzen Bohnen

Zubereitungszeit
35 Minuten plus ca. 20 Minuten Garen

Für 4 Portionen

Für die Bohnen

225 g schwarze Bohnen aus der Dose (Abtropfgewicht)
¼ TL gemahlener Kreuzkümmel (Cumin)
Salz

Für den Kohl

1 kleiner Spitzkohl
1 Gemüsezwiebel
30 g Olivenöl
250 g leichte Gemüsebrühe
1 ½ TL Tomatenmark
½ TL Rauchsalz
1 TL edelsüßes Paprikapulver
½ TL Kümmel
schwarzer Pfeffer aus der Mühle
½ Bund glatte Petersilie

Den Backofen auf 175 °C Umluft vorheizen. • Die **Bohnen** in ein Sieb geben, kalt abbrausen und kurz abtropfen lassen. Dann in eine Schüssel geben, mit **Kreuzkümmel** und zwei Prisen **Salz** bestreuen, vermengen und auf einem mit Backpapier ausgelegten Backblech verteilen. In den vorgeheizten Ofen auf die mittlere Schiene geben und etwa 30 Minuten rösten. • In der Zwischenzeit für den Kohl die äußeren Blätter vom **Spitzkohl** entfernen, waschen, halbieren, den Strunk keilförmig herausschneiden und den Kohl in feine Streifen schneiden. Die **Zwiebel** schälen und klein würfeln. • Das **Olivenöl** in einem breiten Topf erhitzen und die Zwiebeln darin etwa 1 Minute anschwitzen. Den Kohl dazugeben und scharf anbraten, bis er leicht angebräunt ist. (Falls der Topf nicht groß genug sein sollte, den Kohl in zwei bis drei Durchgängen anbraten.) • Den angebratenen Kohl mit der Gemüsebrühe ablöschen, **Tomatenmark, Rauchsalz, Paprikapulver, Kümmel** und zwei Prisen **Pfeffer** einrühren, den Deckel auflegen und bei niedriger Hitze etwa 20 Minuten schmoren lassen, dabei gelegentlich umrühren. Nach Bedarf etwas Wasser dazugeben. • Kurz vor Ende der Garzeit die **Petersilie** waschen, trocken schütteln und fein hacken. Die Bohnen aus dem Ofen nehmen. • Den Schmorkohl mit **Rauchsalz** und **Pfeffer** abschmecken und auf vier tiefe Teller verteilen. Mit den Bohnen toppen, mit der Petersilie bestreuen und heiß genießen.

TIPP

Dieses Gericht kann auch mit Weißkohl oder Wirsing zubereitet werden. Bei Letzterem verkürzt sich die Schmorzeit um etwa 5 Minuten. Außerdem schmeckt dieses Gericht wie die meisten Schmor- und Eintöpfe nach jedem Aufwärmen immer besser. Also am besten direkt eine größere Menge für die Woche zubereiten.

Nährwerte pro Portion: 244 kcal – KH 21 g, F 10 g, B 16 g, EW 14 g

Fit statt fett – coole Snacks

Meine Antwort auf das gezuckerte Zeug aus dem Supermarkt: gesunde und energiegeladene Snacks. Perfekt, wenn der kleine Hunger auf der Arbeit oder nach dem Sport kommt. Wenn schon snacken, dann cool, gesund und lecker!

Fruchtige Sommerrollen

Zubereitungszeit
15 Minuten

Für 2 Portionen (6 Stück)

Für die Sommerrollen

1 kleine Banane
50 g Erdbeeren
50 g Brombeeren
1 Stängel Minze
6 Reispapierblätter (Ø 22 cm)

Für das Topping (nach Belieben)

1 ½ EL weißes Mandelmus
1 EL getrockneter Blütenmix (essbare Blüten; aus dem Super- oder Biomarkt)

Für die Sommerrollen die **Banane** schälen und in dünne Scheiben schneiden. Die **Erdbeeren** putzen, waschen und je nach Größe halbieren oder vierteln. **Brombeeren** abbrausen und abtropfen lassen. Die **Minze** abbrausen, trocken schütteln und die Blätter fein hacken. • Eine Schüssel mit Wasser bereitstellen. Die **Reispapierblätter** einzeln hineingeben, kurz einweichen lassen und dann auf ein Küchenbrett legen. Falls es zu nass ist, die Feuchtigkeit etwas abtupfen. • Zunächst ein Sechstel der Bananenscheiben in der Mitte als Streifen auslegen, dabei zum Rand Platz lassen. Ein Sechstel der Erd- und Brombeeren daraufgeben und ein Sechstel der gehackten Minze darüberstreuen. Die Seiten einklappen und das Reispapier aufrollen. Auf die gleiche Weise fünf weitere Rollen herstellen. • Je drei Sommerrollen auf zwei Teller geben, nach Belieben mit etwas **Mandelmus** beträufeln und mit **Blüten** bestreuen.

Die Sommerrollen können mit jedem beliebigen Obst gefüllt werden, je nachdem, was gerade Saison hat oder im Haushalt vorrätig ist. Da ich beispielsweise immer gefrorene Beeren da habe, lassen sich wirklich blitzschnell ein paar solcher Rollen zubereiten. Sie eignen sich auch super für unterwegs, da das umhüllte Obst sich recht lange frisch hält. Als Topping eignen sich die verschiedensten Nussmuse, auch Fruchtmus – alles, worauf du eben gerade Lust hast.

Nährwerte pro Stück: 68 kcal – KH 12 g, F 2 g, B 1 g, EW 1 g

Granola-Bissen

Zubereitungszeit
15 Minuten plus mind. 60 Minuten Kühlen

Ergibt 16 Stück

30 g Haselnusskerne
30 g Walnusskerne
120 g zarte Haferflocken
15 g Sesamsaat
20 g Kokosraspel
130 g Erdnussmus
30 g Ahornsirup
30 g flüssiges Kokosöl

Hasel- und **Walnüsse** grob hacken, dann mit **Haferflocken** und **Sesam** ohne Fett in einer Pfanne leicht anrösten. • In eine Schüssel geben, die übrigen **Zutaten** hinzufügen und gut vermengen, sodass eine verbundene und formbare Mischung entsteht. • Aus der Masse mit leicht angefeuchteten Händen oder mit zwei Esslöffeln 16 gleich große Nocken formen. Auf einen Teller geben und vor dem Verzehr mindestens 60 Minuten im Kühlschrank kalt stellen.

Die Granola-Bissen halten sich, am besten in einer verschließbaren Dose aufbewahrt, im Kühlschrank locker 1 Woche frisch. Dieser leckere Snack lässt sich beliebig mit anderen Nüssen und Saaten sowie Nussmusen variieren. Auch die Zugabe von gefriergetrockneten Erd- oder Himbeeren fügt den Bissen eine spannende kulinarische Note hinzu.

Nährwerte pro Stück: 133 kcal – KH 7 g, F 10 g, B 2 g, EW 4 g

Black-Bean-Brownies

Zubereitungszeit
15 Minuten plus ca.
25 Minuten Backen

Ergibt 12 Stück

Für die Brownies
Pflanzenöl zum Einfetten
25 g Chiasamen
350 g Sojadrink Natur
240 g schwarze Bohnen aus der Dose (Abtropfgewicht)
5 entsteinte Medjool-Datteln
100 g zarte Haferflocken
40 g Kakaopulver
2 TL Backpulver
½ TL gemahlene Vanille
1 TL gemahlener Zimt
30 g flüssiges Kokosöl
1 Prise Salz

Für die Glasur
100 g Bitterschokolade (mind. 85 % Kakaoanteil)

Außerdem
Back- oder Auflaufform (ca. 26 × 18 cm)

Den Backofen auf 190 °C Ober-/Unterhitze vorheizen. Die Back- oder Auflaufform mit Backpapier auslegen oder mit etwas **Öl** einfetten. • Für die Brownies **Chiasamen** und **Sojadrink** in einen Mixbecher geben, verrühren und 5 Minuten quellen lassen. • Inzwischen die **Bohnen** in ein Sieb abgießen, abbrausen und abtropfen lassen. Die **Datteln** grob in Stücke schneiden. • Nach der Quellzeit Chia-Sojadrink-Mischung, Bohnen und Datteln mit den restlichen **Zutaten** in den Mixbecher geben und mit einem Stabmixer zu einer relativ feinen, homogenen Masse pürieren. Es dürfen keine Bohnenstücke mehr zu sehen sein. Die Masse in die vorbereitete Backform füllen und mit einem nassen Löffel glatt streichen. • In den vorgeheizten Ofen schieben (mittlere Schiene) und etwa 25 Minuten backen. Die Oberfläche des Kuchens sollte bei Druck zwar noch nachgeben, aber wieder zurückspringen. Herausnehmen, etwas abkühlen lassen, dann aus der Form nehmen und vollständig erkalten lassen. • Für die Glasur die **Schokolade** fein hacken, in eine hitzebeständige Schüssel geben, auf einen Topf mit köchelndem Wasser setzen und schmelzen. Die flüssige Schokolade auf dem Kuchen verteilen, glatt streichen und erkalten lassen. In zwölf gleich große Stücke schneiden und die Brownies servieren.

Nährwerte pro Stück: 175 kcal – KH 18 g, F 9 g, B 5 g, EW 5 g

ohne Gluten und raffinierten Zucker

Bananen-Haselnuss-Shake

Zubereitungszeit
5 Minuten

Für 2 Portionen
1 kleine reife Banane
200 g Sojadrink Natur
200 g Mandeljoghurt Natur
1 EL Kakaopulver
40 g Haselnusskerne
30 g geschälte Hanfsamen
1 Prise Salz
1 Prise frisch geriebene Muskatnuss

Die **Banane** schälen, dann mit den restlichen **Zutaten** und 200 ml kaltem Wasser im Standmixer glatt mixen. (Alternativ den Stabmixer verwenden.) Den Shake in zwei Gläser füllen und sofort genießen.

Nährwerte pro Portion: 352 kcal – KH 23 g, F 19 g, B 3 g, EW 9 g

ohne Gluten und raffinierten Zucker

Brombeer-Kokos-Shake

Zubereitungszeit
5 Minuten

Für 2 Portionen
200 g frische oder TK-Brombeeren
1 kleine reife Banane
400 g Sojadrink Natur
200 g Kokosjoghurt Natur
Saft von ½ Limette
30 g geschälte Hanfsamen
10 g geschrotete Leinsamen
1 Prise Salz
10 g Kokosraspel

Die **Beeren** abbrausen und abtropfen lassen (TK-Beeren gefroren verwenden). Die **Banane** schälen. Beeren und Banane mit **Sojadrink, Kokosjoghurt, Limettensaft, Hanfsamen, Leinsamen** und **Salz** im Standmixer glatt mixen. (Alternativ den Stabmixer verwenden.) Den Shake in zwei Gläser füllen, mit **Kokosraspeln** toppen und frisch genießen.

Nährwerte pro Portion: 383 kcal – KH 23 g, F 19 g, B 7 g, EW 12 g

TIPP Ein solcher Shake ist ein super sättigender und vor allem gesunder Snack für den Hunger zwischendurch. Er kann mit den verschiedensten Nusssorten, pflanzlichen Joghurtvarianten sowie anderen Beeren oder Früchten variiert werden, ganz nach Belieben oder was die Saison oder der Vorrat hergibt. Die Hanfsamen geben dem Ganzen eine hochwertige Portion pflanzlicher Proteine sowie verschiedene Mineralstoffe und die Leinsamen unterstützen unter anderem die Verdauung. Der Joghurt sorgt nicht nur für eine schön cremige Konsistenz, sondern auch für vollmundigen Geschmack und Sättigung.

ohne Gluten und raffinierten Zucker

Erdbeer-Nicecream mit einer Note von Thymian

Zubereitungszeit
5 Minuten

Für 2 Portionen
1 kleiner Zweig Thymian
120 g gefrorenes Bananenfruchtfleisch
200 g TK-Erdbeeren
60 g Sojajoghurt Natur
¼ TL gemahlene Vanille
10 g gefriergetrocknete Erdbeeren (alternativ 2 frische geviertelte Erdbeeren)

Den **Thymian** abbrausen, trocken schütteln und die Blättchen abzupfen. • Gefrorene **Banane,** gefrorene **Erdbeeren, Joghurt** und **Vanille** im Standmixer zu einer glatten Masse verarbeiten. (Alternativ einen leistungsstarken Stabmixer verwenden.) • Die Nicecream in zwei Gläser oder Schalen füllen und mit den gefriergetrockneten **Erdbeeren** toppen. Mit Thymianblättchen bestreuen und sofort eiskalt genießen.

Nährwerte pro Portion: 121 kcal – KH 21 g, F 1 g, B 3 g, EW 3 g

ohne Gluten und Soja

Ananas-Kokos-Nicecream

Zubereitungszeit
5 Minuten

Für 2 Portionen
120 g gefrorene Bananenscheiben
200 g TK-Ananasstücke
50 g Kokosjoghurt Natur
20 g Kokosraspel
20 g Bitterschokolade (mind. 85 % Kakaoanteil)

Gefrorene **Bananen-** und **Ananasstücke** mit dem **Joghurt** im Standmixer zu einer glatten Eismasse verarbeiten. (Alternativ einen leistungsstarken Stabmixer verwenden.) • Die Nicecream in zwei Gläser oder Schalen geben und mit den **Kokosraspeln** bestreuen. Die **Schokolade** darüberraspeln und sofort eiskalt genießen.

Nährwerte pro Portion: 264 kcal – KH 29 g, F 14 g, B 4 g, EW 3 g

TIPP Bei dieser Nicecream kannst du mit den verschiedensten gefrorenen Früchten experimentieren und auch anderen pflanzlichen Joghurt sowie unterschiedliche Toppings verwenden.

Pausenkracher mit Schokolade

Zubereitungszeit
15 Minuten plus mind. 4 Stunden Ruhen

Ergibt 14 Riegel
60 g Mandelkerne
60 g Sonnenblumenkerne
60 g Haselnusskerne
2 reife Bananen
30 g Ahornsirup
1 Prise Salz
120 g Erdnussmus
40 g Bitterschokolade (mind. 85 % Kakaoanteil)
120 g zarte Haferflocken
75 g Rosinen

Mandeln, Sonnenblumenkerne und **Haselnüsse** ohne Fett in einer Pfanne leicht goldbraun rösten und vom Herd nehmen. • **Bananen** schälen, mit **Ahornsirup, Salz** und **Erdnussmus** in einen Mixbecher geben, mit dem Stabmixer zu einer glatten Masse pürieren und in eine Schüssel füllen. • Die **Schokolade** grob hacken, mit den gerösteten Zutaten, **Haferflocken** und **Rosinen** zur Bananenmischung geben und unterheben. • Riegelmasse auf einem mit Backpapier ausgelegten Küchenbrett zu einem etwa 16 × 24 cm großen Rechteck ausstreichen und mindestens 4 Stunden im Kühlschrank aushärten lassen. • Dann in 14 gleich große Riegel schneiden und im Kühlschrank aufbewahren.

Die Pausenkracher halten sich in einer verschließbaren Dose im Kühlschrank locker 1 Woche knackfrisch. Die Nüsse und Kerne können ganz nach Belieben durch andere Sorten ausgetauscht werden. Gleiches gilt für das Mus, denn braunes Mandel-, Walnuss- oder Haselnussmus schmeckt ebenfalls hervorragend in diesen Riegeln. Du kannst die Pausenkracher einfrieren, wenn du gleich eine größere Vorratsmenge zubereiten möchtest.

Nährwerte pro Stück: 213 kcal – KH 15 g, F 14 g, B 4 g, EW 6 g

Zweierlei Snackbällchen

ohne Soja

Kirsche-Apfel-Snackbällchen

Zubereitungszeit 15 Minuten plus ca. 15 Minuten Backen

Ergibt 20 Stück

30 g Haselnusskerne
120 g zarte Dinkelflocken (alternativ Haferflocken)
50 g getrocknete Kirschen
30 g Bitterschokolade (mind. 85 % Kakaoanteil)
160 g ungesüßtes Apfelmus
40 g gepuffte Quinoa
1 Prise Salz

Den Backofen auf 175 °C Umluft vorheizen. • Die **Haselnüsse** grob hacken, mit den **Dinkelflocken** ohne Fett in einer Pfanne leicht goldbraun rösten und in eine Schüssel geben. • **Kirschen** und **Schokolade** fein hacken, mit **Apfelmus, Quinoa** und **Salz** zur Flockenmischung in die Schüssel geben und gut vermengen. Aus der Masse mit angefeuchteten Händen 20 gleich große Kugeln formen, auf ein mit Backpapier ausgelegtes Backblech setzen und im vorgeheizten Ofen etwa 15 Minuten backen. Die Bällchen dürfen ruhig etwas Farbe bekommen, sollen aber nicht zu dunkel werden. • Aus dem Ofen nehmen und auskühlen lassen.

Nährwerte pro Stück: 56 kcal – KH 8 g, F 2 g, B 0 g, EW 2 g

ohne Soja und raffinierten Zucker

Apfel-Zimt-Snackbällchen

Zubereitungszeit 15 Minuten plus ca. 15 Minuten Backen

Ergibt 20 Stück

30 g Walnusskerne
120 g zarte Dinkelflocken (alternativ Haferflocken)
50 g getrocknete Apfelringe
160 g ungesüßtes Apfelmus
40 g gepuffte Quinoa (alternativ gepuffter Amaranth)
½ TL gemahlener Zimt
1 Msp. gemahlene Vanille
1 Prise Salz

Den Backofen auf 175 °C Umluft vorheizen. • Die **Walnüsse** grob hacken, mit den **Dinkelflocken** ohne Fett in einer Pfanne leicht goldbraun rösten und in eine Schüssel geben. • Die **Apfelringe** fein hacken, mit **Apfelmus, Quinoa, Zimt, Vanille** und **Salz** zur Flockenmischung in die Schüssel geben und gut vermengen. Aus der Masse mit leicht angefeuchteten Händen 20 gleich große Kugeln formen, auf ein mit Backpapier ausgelegtes Backblech setzen und im vorgeheizten Ofen etwa 15 Minuten goldbraun backen, dabei aufpassen, dass sie nicht zu dunkel werden. • Herausnehmen und die Snackbällchen auskühlen lassen.

Nährwerte pro Stück: 45 kcal – KH 8 g, F 1 g, B 1 g, EW 1 g

TIPP Die zweierlei Snackbällchen halten sich in einer verschließbaren Dose an einem dunklen Ort mindestens 1 Woche.

Cashew-Limetten-Kuchen

Zubereitungszeit
20 Minuten plus Abkühlen und mind. 6 Stunden Kühlen

Für 1 Kuchen (8 Stücke)

Für den Boden

180 g Mandelkerne
60 g getrocknete Feigen
12 g geschrotete Leinsamen
2 Msp. gemahlene Vanille
30 g flüssiges Kokosöl
1 Prise Salz

Für die Füllung

45 g flüssiges Kokosöl
160 g zimmerwarmes Cashewmus
10 g Flohsamenschalen
30 g entsteinte Datteln
abgeriebene Schale von 1 Biolimette
1 Prise Salz
½ TL gemahlene Vanille

Für die Garnierung

3 EL gefriergetrocknete Erdbeeren

Außerdem

1 verstellbarer Tortenring (Ø ca. 17 cm)

Für den Boden die **Mandeln** in einer Pfanne ohne Fett goldbraun anrösten, vom Herd nehmen und abkühlen lassen. • **Feigen** grob hacken, mit abgekühlten Mandeln, **Leinsamen, Vanille, Kokosöl** und **Salz** im Blitzhacker zerkleinern, bis eine grobe Paste entsteht. Den Tortenring auf 17 cm Durchmesser einstellen und diesen auf einen mit Backpapier ausgelegten Teller stellen. Die Paste mit einem Löffel gleichmäßig am Boden verteilen und mit feuchten Händen fest andrücken. • Für die Füllung alle **Zutaten** mit 280 ml Wasser im Standmixer fein pürieren. Es sollte eine glatte, cremige Flüssigkeit entstehen. (Alternativ den Stabmixer verwenden.) Die Füllung auf den Boden in den Tortenring gießen und mindestens 6 Stunden oder über Nacht in den Kühlschrank stellen. • Kurz vor dem Servieren den Tortenring abnehmen und das Backpapier entfernen. Den Kuchen mit den gefriergetrockneten **Erdbeeren** garnieren und in acht Stücke schneiden.

Die Torte kann portionsweise eingefroren werden und hält sich gut verpackt 1–2 Monate im Gefrierfach.

Nährwerte pro Stück: 399 kcal – KH 16 g, F 32 g, B 6 g, EW 10 g

„Italo"-Bars – herzhafte Müsliriegel

Zubereitungszeit
10–15 Minuten plus
30 Minuten Backen

Ergibt 14 Riegel

- 50 g Kalamata-Oliven mit Stein
- 10 in Öl eingelegte getrocknete Tomaten
- 60 g Kürbiskerne
- 60 g Dinkelvollkornmehl
- 25 g geschrotete Leinsamen
- 60 g Sonnenblumenkerne
- 120 g zarte Haferflocken
- 30 g Olivenöl
- ½ TL getrockneter Oregano
- ¼ TL getrockneter Thymian
- ½ TL edelsüßes Paprikapulver
- ½ TL Salz (oder Rauchsalz)
- 2 Prisen schwarzer Pfeffer aus der Mühle
- 1 Prise Chiliflocken (nach Belieben)

Den Backofen auf 175 °C Umluft vorheizen. • Die **Oliven** entsteinen und mit den **Tomaten** grob hacken. Die **Kürbiskerne** ebenfalls grob hacken. • **Mehl** und **Leinsamen** in eine Schüssel geben, 100 ml Wasser hinzugießen und mit einem Schneebesen verrühren. Oliven, Tomaten und Kürbiskerne mit den restlichen **Zutaten** dazugeben und zu einer gut gebundenen Masse verarbeiten. Nach Bedarf noch etwas mehr Wasser hinzufügen. • Die Riegelmasse nun auf ein mit Backpapier ausgelegtes Backblech geben und zu einem etwa 16 × 24 cm großen Rechteck ausstreichen. In den vorgeheizten Ofen schieben und 30 Minuten backen. • Herausnehmen, in 14 gleich große Riegel schneiden und vollständig auskühlen lassen.

In einer verschließbaren Dose halten sich die Riegel bei Lagerung an einem dunklen Ort locker 1 Woche. Da sie nicht im Kühlschrank aufbewahrt werden müssen, eignen sie sich wunderbar als Snack zum Mitnehmen. Du kannst sie natürlich mit allen Kräutern aus der italienischen Küche und mit anderen Saaten und Kernen variieren.

Nährwerte pro Stück: 139 kcal – KH 9 g, F 9 g, B 3 g, EW 5 g

Rauchige Saaten-Cracker

Zubereitungszeit
10 Minuten plus
15 Minuten Ruhen und
45 Minuten Backen

Ergibt ca. 300 g
(ca. 15 Portionen à 20 g)
110 g Sonnenblumenkerne
110 g Kürbiskerne
60 g geschrotete Leinsamen
20 g Chiasamen
1 EL Hefeflocken
1 TL Rauchsalz
½ TL edelsüßes Paprikapulver
1 TL getrockneter Oregano

Den Backofen auf 175 °C Umluft vorheizen. • **Sonnenblumenkerne** und **Kürbiskerne** mit **Leinsamen, Chiasamen** und 275 ml heißem Wasser in einer Schüssel vermengen und 15 Minuten ruhen lassen. • Dann **Hefeflocken,** ½ TL **Rauchsalz, Paprikapulver** und **Oregano** untermischen und auf einem mit Backpapier ausgelegten Backblech ausstreichen. Das geht am besten mit einem Teigschaber, wichtig ist, die Masse gleichmäßig dünn zu verteilen, sodass weder Luftlöcher noch zu dicke Teigstellen entstehen. • Das restliche **Rauchsalz** darüberstreuen, in den vorgeheizten Ofen schieben und 45 Minuten backen, dabei nach 20 Minuten einmal kurz die Backofentür öffnen, sodass Feuchtigkeit entweichen kann. • Aus dem Ofen nehmen und auskühlen lassen. Danach den großen Cracker in etwa chipsgroße Stücke brechen. In einem Schraubglas oder einer luftdicht verschließbaren Dose aufbewahren.

TIPP

Die Saaten kannst du natürlich variieren und nach Belieben austauschen, zum Beispiel durch Sesamsaat, Mohnsaat oder Hanfsamen. Als Gewürze passen auch Currypulver und Chiliflocken sowie verschiedene Kräuter wie Thymian und Rosmarin wunderbar.

Genieße eine kleine Handvoll Cracker zwischendurch einfach pur oder zum Filmabend auf der Couch, vielleicht noch mit einem leckeren Gemüsedip wie meinem Gurke-Hanf-Aufstrich (siehe Seite 68). Auch die vegane Leber- oder Teewurst schmeckt hierzu grandios (siehe Seite 71).

Nährwerte pro Portion: 113 kcal – KH 1 g, F 9 g, B 3 g, EW 6 g

Zutaten- und Rezeptindex

Du suchst ein ganz bestimmtes Gericht oder nach einer Zubereitungsidee für vorrätige Zutaten? Das Register hilft dir schnell weiter: Alle Rezepte aus diesem Buch und die wichtigsten Komponenten sind hier alphabetisch gelistet.

Impressum

Originalausgabe
Becker Joest Volk Verlag GmbH & Co. KG
Bahnhofsallee 5, 40721 Hilden, Deutschland

4. Auflage Juni 2026

BECKER
JOEST
VOLK
VERLAG
www.bjvv.de

ISBN 978-3-95453-297-1

Rezepte und Texte Alexander Flohr
Mitarbeit Texte Dr. Susanne Finck
Food-Fotografie Hubertus Schüler
Foodstyling Stefan Mungenast
Foto-Assistenz Benedikt Obermeier
People-Fotografie, Covergestaltung Justyna Schwertner
Projektleitung Valerie Mayer
Layout, Buchgestaltung, Buchsatz Caroline Mohr
Bildbearbeitung Markus Neis, Benedikt Obermeier
Fachlektorat Rezepte Şebnem Yavuz
Lektorat Doreen Köstler
Druck Firmengruppe Appl, aprinta druck GmbH
Bildcredits Challenger Seite 39 bis Seite 44: privat

Verlagsdank Lieber Alex, herzlichen Dank, dass du deine eigene Geschichte so offen teilst, um anderen damit zu helfen. Danke auch für die Entwicklung der unglaublich leckeren Gerichte, die gleichzeitig ganz im Zeichen von Gesundheit und Abnehmen stehen. Ein großes persönliches Dankeschön geht an alle Challenger: Wir freuen uns mit euch über die großartigen Ergebnisse.

Vielen Dank an Dr. Susanne Finck für die Unterstützung bei den Texten. Danke für die herrlichen Food-Fotos an Hubertus Schüler, an Stefan Mungenast für das Foodstyling und an Benedikt Obermeier für die Fotoassistenz. Justyna Schwertner, ganz lieben Dank für die schönen Porträts, die das Buch perfekt abrunden. Herzlichen Dank an Şebnem Yavuz für das Rezeptlektorat und an Doreen Köstler für das Schlusslektorat. Wir bedanken uns bei Christine Kluge für die Vermittlung zu diesem schönen Projekt sowie bei Jürgen Evers und Nancy Reetz von kick management für die Unterstützung im Hintergrund.

Der Verlag dankt allen weiteren Beteiligten, die durch ihre Mithilfe und Unterstützung zum Gelingen dieses Buches beigetragen haben. Für ihre unermüdlichen Bemühungen um die außerordentliche Qualität danken wir unseren Mitarbeiterinnen und Mitarbeitern Caroline Mohr, Valerie Mayer, Lena Vaßen, Annika Steinacker, Markus Neis, Annika Koch und Katerina Stegemann.

Danke

an das komplette Team vom Becker Joest Volk Verlag für die großartige Zusammenarbeit bei meinem dritten Projekt mit euch sowie für euer Vertrauen in mich. Es bereitet mir sehr viel Freude, mit jedem Einzelnen von euch zu arbeiten – ob beim Shooten der Fotos mit Justyna und Lena oder bei der Planung der Challenge mit Annika. Danke für die unkomplizierte und sehr angenehme Zusammenarbeit mit euch, liebe Caroline und liebe Valerie.

Ein besonderer Dank gilt dir, liebe Johanna Hänichen, für die Idee zu diesem Buch und wie du sie mir schmackhaft gemacht hast. Du hattest den richtigen Riecher und wusstest mich zu begeistern. Dass ich dich, lieber Ralf Joest, mit meinen Texten so glücklich machen konnte, war etwas ganz Besonderes für mich.

Danke, meine Lieblingsrostockerin Sanne – Dr. Susanne Finck –, für deine wiederholte Mitarbeit an meinen Texten. Ohne dich wäre ich echt aufgeschmissen. Und natürlich danke ich meiner Familie, die so fleißig alles probiert, was ich koche, und den Geschmack ehrlich und strengstens bewertet.

Liebe Challenger, euch danke ich von Herzen, dass ihr dabei wart und euch meinem Buchkonzept unterzogen habt. Ihr habt das alle toll gemeistert und ich hoffe, dass ihr am Ball bleibt.